Aux armes, historiens

Eric J. Hobsbawm

Aux armes, historiens

Deux siècles d'histoire de la Révolution française

Postface inédite de l'auteur

TRADUIT DE L'ANGLAIS
PAR JULIEN LOUVRIER

Ouvrage traduit avec le concours du Centre national du livre

La Découverte
9 *bis*, rue Abel-Hovelacque
75013 Paris

Ouvrage initialement publié sous le titre *Echoes of The Marseillaise. Two Centuries Look Back on the French Revolution* aux éditions Verso en 1990.

ISBN 978-2-7071-4982-4

Remerciements

Ce livre est une version quelque peu augmentée des trois conférences que j'ai prononcées en avril 1989 à l'invitation de l'Université Rutgers à New Brunswick (New Jersey), dans le cadre des *Mason Welch Gross Lectures*. Si je suis redevable à cette université pour son invitation, ainsi qu'aux Presses universitaires de Rutgers qui en ont proposé la publication, je veux exprimer avant tout ma gratitude envers mon ami le brillant historien Richard Schlatter, aujourd'hui disparu, qui avait pris l'initiative d'organiser ma venue. Pour l'écriture et l'élaboration des conférences, j'ai bénéficié de conditions optimales au sein du Centre pour l'histoire de l'art et les humanités J. Paul Getty à Santa Monica (Californie), où je fus chercheur invité au printemps 1989. Ma reconnaissance envers cette institution et les collègues et amis qui y séjournaient alors est considérable.

Une première occasion d'explorer les thèmes qui sont abordés dans ce livre m'a été donnée par Ferenc Féher quand il m'a demandé de contribuer au numéro spécial consacré à la Révolution française du journal *Social Research*, publication de la New School for Social Research (vol. 56, n° 1, printemps 1989) et dont les étudiants ont patiemment écouté mes communications sur « la Révolution dans l'histoire ». L'un d'eux, Fred Longenecker, m'a aidé dans le dépouillement des périodiques du XIXe siècle et du début du XXe. Enfin, la lecture régulière des considérations françaises les plus récentes sur la Révolution m'a donné l'adrénaline nécessaire à l'écriture.

E. J. Hobsbawm

Préface

En janvier 1989, plus d'un millier de titres en langue française étaient disponibles dans les catalogues des éditeurs, prêts pour la célébration du bicentenaire. Dans les mois qui ont suivi, en tenant compte des ouvrages rédigés dans d'autres langues – l'anglais étant largement dominant –, il a dû s'en ajouter plusieurs centaines. Dans ce contexte, on peut s'interroger sur l'intérêt d'une contribution supplémentaire. Cet essai a l'excuse d'être le fruit d'une série de conférences prononcées en 1989 à l'Université Rutgers, New Jersey, dans le cadre des *Mason Welch Gross Lectures*. Inutile de préciser qu'en 1989 le thème de la Révolution française s'imposait. À cela s'ajoutent deux justifications non circonstancielles.

La première repose sur le constat que l'historiographie récente sur la Révolution française, surtout en France, est particulièrement biaisée. La rencontre de l'idéologie et de l'air du temps, associée à la force des médias modernes, a fait que le bicentenaire est largement dominé par ceux qui, pour le dire simplement, n'apprécient guère la Révolution et son héritage. Ce n'est pas nouveau – au moment du centenaire, on a probablement davantage écrit contre elle qu'en sa faveur –, et pourtant, il est assez surprenant d'entendre en 1989 le Premier ministre (socialiste) de la République française – Michel Rocard – affirmer que l'intérêt de 1789 est d'« avoir convaincu beaucoup de gens que la Révolution, c'est dangereux et que, si on peut en faire l'économie, ce n'est pas plus mal [1*] ». Admirables opinions qui, en temps normal, recueillent un large consensus ! Rares sont, par définition, les moments où les gens manifestent des velléités révolutionnaires, sans même parler de ceux où ils passent à l'acte, néanmoins il en est, et l'année 1789 en fut un, où les peuples revendiquent le droit à la Liberté, à l'Égalité, à la Fraternité. En 1989, monsieur Rocard aurait sans doute pu en trouver beaucoup d'autres pour peu que son regard se détache de Paris et se tourne vers l'Est.

L'originalité de la situation actuelle tient aux motifs avancés par ceux qui rejettent le souvenir de la Révolution. Ils reprochent en effet à la tradition de l'historiographie révolutionnaire française depuis 1815 d'avoir toujours été marxiste et considèrent qu'elle devrait être abandonnée à ce titre. Ils insistent également sur le fait qu'elle a été jugée inacceptable du point de vue académique par toute une nouvelle école d'historiens « révisionnistes [a] ». (« On a entassé la vieille garde [des historiens] sur la charrette des condamnés, tandis que, dans la foule, on balade la tête de Marx en haut d'une pique », constate un historien réactionnaire qui ne connaît rien à la question, mais qui a bien saisi l'atmosphère du bicentenaire [2].)

---

* Les notes 1, 2, 3, 4... sont regroupées en fin de volume.

a Note du traducteur (Ndt). L'utilisation du terme « révisionnisme » nécessite quelques précisions. En France, dans le cadre des études révolutionnaires, ce mot fut employé par Albert Soboul dans une célèbre mise au point historiographique publiée en 1974 pour désigner l'ensemble des historiens libéraux ou conservateurs qui proposaient de sortir du cadre interprétatif traditionnel de la « révolution bourgeoise ». Dans sa définition la plus courante, le « révisionnisme » renvoie avant tout à une « position idéologique préconisant la révision d'une doctrine politique dogmatiquement fixée », ce qui concernait historiquement l'entreprise de « révision du marxisme » que Karl Kautsky reprochait à Eduard Bernstein de vouloir imposer à la social-démocratie allemande et internationale. « Révisionnisme » est aussi le terme que l'on trouvait sous la plume de Jacques Blot – pseudonyme de l'historien Jacques Chambaz – dans les pages de la *Nouvelle Critique* pour dénoncer la relecture de la vulgate marxiste par l'école des Annales au début des années 1950, à une époque où l'on opposait facilement « science marxiste » et « science bourgeoise ». Le « *revisionnism* » anglo-saxon n'est, quant à lui, pas véritablement concerné par les références marxistes ni même par les querelles entre marxistes. Il fait l'objet d'un usage moins polémique et plus directement scientifique.

Il est vrai que la recherche a fait des progrès remarquables, surtout dans les années 1970 et principalement à l'initiative d'historiens britanniques et américains. Les lecteurs de la revue *Past and Present*, qui a publié des articles de la plupart de ces scientifiques novateurs, peuvent le confirmer[a]. Toutefois, il serait vain et erroné de croire que ces nouveaux travaux exigent la mise au rebut d'un siècle d'historiographie et que les campagnes idéologiques contre la Révolution française reposent sur le résultat de ces recherches. Ces attaques consistent en fait à présenter différemment des aspects sur lesquels les anciens et les nouveaux historiens s'accordent bien souvent. En outre, n'en déplaise à leurs promoteurs, les différentes versions de l'histoire « révisionniste », qui vont parfois jusqu'à s'opposer, ne sont pas forcément de meilleurs guides que l'historiographie traditionnelle pour comprendre le rôle et les conséquences historiques de la Révolution. À dire vrai, certaines lectures montrent déjà des signes de vieillissement, ce qui risque d'arriver aux autres également. Cet essai se veut donc autant une défense qu'une explication de l'interprétation classique de la Révolution française. Agacé par ceux qui s'opposent à elle, j'ai trouvé là une raison de prendre la plume.

La seconde, plus importante, tient au fait que l'on a affaire à un sujet étonnamment négligé : il s'agit de s'interroger non pas sur l'histoire de la Révolution elle-même, mais sur l'histoire de sa réception et de son interprétation, de son héritage aux XIXe et XXe siècles. La plupart des spécialistes de la Révolution française – dont je ne fais pas partie – sont trop proches des événements de 1789-1799 (ou autres dates choisies afin de définir la période révolutionnaire), pour s'inquiéter vraiment de ce qui est advenu après. Pourtant, la Révolution française a été une telle succession d'événements, qui plus est presque aussitôt reconnue comme le point d'ancrage du XIXe siècle, qu'une partie de son histoire est constituée par ce que ce siècle a fait d'elle, tout comme l'élévation de Shakespeare, après sa mort, au rang de plus grand génie littéraire britannique est l'un des chapitres de l'histoire du dramaturge. Le XIXe siècle a étudié la Révolution française, il l'a copiée, il s'est comparé à elle, il a essayé de l'éviter, de la

a Dans la mesure où l'auteur de ces lignes, sceptique à l'égard du révisionnisme politique, a été étroitement associé à cette revue, il ne peut être accusé de manquer d'intérêt pour les nouvelles perspectives de la recherche historique sur la Révolution.

contourner, de la répéter ou d'aller au-delà. La majeure partie de ce petit livre traite du processus d'assimilation des expériences et des leçons de la Révolution française, qui bien sûr sont loin d'être épuisées. Ironie de l'histoire : alors que les socialistes français, soucieux de prendre leurs distances avec leur passé jacobin, déclaraient que la Révolution n'a plus rien à dire au présent, les étudiants à Pékin et les nouveaux membres du Congrès à Moscou faisaient observer, en 1989, la pertinence de la référence à 1789.

En étudiant la réception et l'interprétation de la Révolution française au XIXe siècle, on ne peut qu'être frappé par la contradiction entre le consensus qui régnait alors et quelques-unes des recherches révisionnistes actuelles. On pourra toujours invoquer les opinions politiques et idéologiques des historiens, ou leur ignorance et leur manque d'imagination, mais cela ne suffira pas à expliquer la nouvelle situation. Les révisionnistes tendent à suggérer que la Révolution n'a pas changé grand-chose à l'histoire de France, et que ces évolutions minimes ne sont pas allées dans le bon sens. Certains disent même qu'elle aura été parfaitement « inutile », non tant parce qu'elle était évitable qu'au regard de ses résultats, bien modestes – voire négatifs – pour un coût disproportionné. Au XIXe siècle, peu d'observateurs et encore moins d'historiens auraient compris, *a fortiori* accepté, un tel débat. Des hommes intelligents et avertis, vivant dans les années 1850 – un Cobden, ou l'historien Sybel –, ont toujours estimé que la Révolution avait considérablement accéléré la croissance économique française et créé un corps important et satisfait de paysans propriétaires [3]. Il y a peu de chances de trouver pareille idée dans les recherches récentes. Si les perceptions des contemporains de l'époque ne font pas systématiquement autorité et peuvent être invalidées par la recherche, on ne saurait non plus les écarter comme de simples illusions ou erreurs. À l'aune des critères qui servent aujourd'hui à mesurer les dépressions économiques, il est assez facile de montrer que les années 1875 jusqu'au début des années 1890 ne furent en rien une période d'effondrement, encore moins de « grande dépression ». Encore faut-il expliquer pourquoi des individus dotés d'un sens aigu des réalités économiques insistaient sur le fait que la crise était bien réelle. Comment donc interpréter les divergences, parfois très grandes, entre les anciennes et les nouvelles lectures de l'histoire ?

Un exemple pourrait aider à expliquer comment tout cela survint. Chez les spécialistes de l'histoire économique, il n'est plus de mise aujourd'hui de penser que l'économie britannique, je ne parle même pas des autres, a connu une « révolution industrielle » entre 1780 et 1840. Ce revirement tient moins aux raisons idéologiques qui ont fait rejeter au grand biométricien Karl Pearson la discontinuité, parce qu'« une révolution n'a jamais mis en œuvre aucune grande reconstruction sociale qui puisse bénéficier de façon permanente à toutes les classes d'une communauté », qu'à l'importance des changements intervenus à cette époque dans le taux de croissance et l'économie, lesquels ne nous apparaissent pas suffisamment importants ou soudains pour justifier une telle description. Si l'on s'en tient aux termes du débat tels que formulés par les historiens quantitatifs, ce n'était pas une « révolution ».

L'expression « révolution industrielle » est apparue en Grande-Bretagne et en France dans les années 1820, alors que s'imposait un nouveau vocabulaire élaboré à partir du concept d'« industrie ». Pourtant, dès la fin des années 1830, les spécialistes de la question sociale la considéraient comme « d'usage courant ne nécessitant aucune explication [4] ». Il est avéré que des hommes intelligents et avisés, dont certains possédaient une expérience concrète des technologies et de la manufacture, ont prédit avec espoir, peur ou satisfaction, la transformation totale de la société par l'industrie, ainsi le tory Robert Southey et l'industriel socialiste Robert Owen bien avant Waterloo, Karl Marx et sa « bête noire », le docteur Andrew Ure, Friedrich Engels et le scientifique Charles Babbage. Évidemment, ces observateurs ne faisaient pas que rendre hommage à l'extraordinaire nouveauté des machines à vapeur et du système industriel, ou refléter le rayonnement, attesté par le flux continu des visiteurs continentaux, de villes comme Manchester ou Merthyr. Ils étaient frappés par-dessus tout par le *potentiel* illimité de la révolution qu'elles incarnaient et par la *rapidité* de la transformation qu'ils avaient justement pronostiquée. En somme, les historiens sceptiques ne sont pas moins proches de la vérité que les contemporains prophétiques, chaque groupe se concentrant sur des aspects différents de la réalité. Les uns insistent sur la distance entre 1830 et les années 1980, tandis que les autres mettaient l'accent sur ce qu'ils voyaient de nouveau et de dynamique au détriment de ce qui leur apparaissait comme des reliques du passé condamnées à tomber tôt ou tard aux oubliettes de l'histoire.

La même différence existe entre les observateurs contemporains de la Révolution française et ses commentateurs postnapoléoniens et entre les historiens qui ont suivi les traces de ces derniers et les révisionnistes. La question est toujours : lesquels sont les plus utiles aux historiens qui travaillent sur l'histoire du XIXe siècle ? La réponse laisse peu de place au doute. Supposons que l'on veuille expliquer pourquoi Marx et Engels ont écrit en 1847 le *Manifeste du parti communiste*, prédisant le renversement de la société bourgeoise par une révolution prolétarienne fille de la révolution industrielle, ou encore expliquer pourquoi le « spectre du communisme » hantait tant d'observateurs dans les années 1840, pourquoi des représentants des travailleurs furent intégrés au Gouvernement provisoire après la révolution de 1848, et pourquoi enfin les politiciens se sont brièvement demandé si le drapeau de la nouvelle république devrait être rouge ou tricolore. L'historien qui nous dirait seulement à quel point la réalité de l'Europe occidentale était éloignée de l'image qu'en avaient les milieux radicaux ne nous aiderait pas beaucoup. Il réciterait simplement des évidences, à savoir qu'en 1848, loin d'être au bord de l'explosion, le capitalisme avait à peine trouvé son rythme, ce que les révolutionnaires eux-mêmes étaient sur le point de reconnaître. En revanche, il serait plus utile d'expliquer comment, malgré le développement médiocre du capitalisme industriel, on a pu croire sérieusement, en France et peut-être partout ailleurs, que la politique dépendait d'une lutte de classes entre bourgeois entrepreneurs et travailleurs salariés, tandis que le communisme pouvait se voir et être perçu comme une menace pour la société bourgeoise. Aussi étonnant que cela puisse paraître aujourd'hui, l'idée était largement partagée, et pas uniquement par quelques jeunes exaltés.

Les historiens qui veulent répondre à des questions portant sur le passé ne peuvent se dispenser d'une interprétation historique enracinée dans le contexte contemporain, tant intellectuel que sociopolitique, tant existentiel qu'analytique. Cette exigence vaut peut-être aussi pour les interrogations sur le présent. La question n'est pas de démontrer à partir d'archives et de calculs que rien n'a vraiment changé entre les années 1780 et les années 1830. Tant que l'on n'aura pas intégré le fait que les peuples eurent alors, ou ont encore, le sentiment de vivre une ère de révolution – un processus qui a bouleversé le continent et va continuer à le transformer –, on ne comprendra rien à l'histoire du monde depuis 1789. En cherchant à écrire l'histoire du passé, nous réécrivons tous inévitablement l'histoire de notre propre temps et dans une certaine mesure nous menons les batailles d'aujourd'hui en costume d'époque. Mais ceux qui n'écrivent l'histoire qu'en fonction des luttes du présent ne peuvent comprendre ni le passé ni ce qui en est sorti. Ils peuvent même, sans le vouloir, falsifier tout à la fois le passé et le présent.

Ainsi ce livre a-t-il été écrit avec la conviction que, pour saisir ce que l'historien britannique J. Holland Rose tenait pour « la succession d'événements la plus terrible et capitale de toute l'histoire [...] et le point de départ pour l'histoire du XIXe siècle », on ne peut négliger les deux siècles écoulés depuis 1789. Même si je pense que la Révolution a été bénéfique, je suis convaincu que le jugement politique est moins important que l'analyse. Après tout, comme le disait le grand critique littéraire danois Georg Brandes à propos de l'attaque passionnée d'Hyppolite Taine contre la Révolution dans ses *Origines de la France contemporaine* : « Que peut un sermon contre (ou pour) un tremblement de terre ? »

E. J. Hobsbawm,
Santa Monica et Londres, 1989.

1

Une révolution bourgeoise

Le livre traite de l'évolution du regard porté sur la Révolution française au cours des deux siècles écoulés depuis 1789. Regarder derrière soi, devant soi, ou dans n'importe quelle direction implique toujours un point de vue, une perspective subjective, que ce soit dans le temps, dans l'espace, ou dans le paysage intellectuel. Ce que je vois en écrivant ces lignes depuis ma fenêtre qui domine Santa Monica est très concret. Je n'invente pas les immeubles, ni les palmiers, ni le parking de six étages en dessous de moi, ni les collines au loin à peine visibles à travers le brouillard. De ce point de vue, les théoriciens qui considèrent toute réalité comme une pure construction mentale se trompent et, en le disant dès le début, j'annonce ma couleur conceptuelle. Si l'histoire à propos de laquelle nous écrivons ne se distinguait pas de la fiction, il n'y aurait pas de place pour la profession d'historien et les gens comme moi auraient gâché leur vie. Néanmoins, il est indéniable que ce que je vois depuis ma fenêtre ou en me tournant vers le passé n'est pas seulement la réalité d'ici-bas ou de là-bas, mais une sélection très spécifique. C'est à la fois ce que je *peux* voir physiquement depuis le point où je me trouve et dans les circonstances données – en l'occurrence je ne peux pas regarder dans la direction de Los Angeles sans me déplacer de l'autre côté du bâtiment, et je ne peux qu'apercevoir les collines tant que le temps est incertain – et ce qu'il m'*importe* de voir. Au-delà de l'infinité objectivement observable, je me concentre moi-même sur une sélection très limitée. Et bien sûr, si je me retrouvais à contempler exactement la même vue depuis la même fenêtre à un autre moment, je me concentrerais probablement sur d'autres aspects du paysage, je ferais en fait une autre sélection. Toutefois, quelqu'un qui regarderait à travers cette fenêtre, quels que soient l'heure et le moment, en considérant que la vue reste comme elle est maintenant, ne pourrait pas ne pas voir ou ne pas noter certains éléments immanquables du site, comme la fine flèche de l'église juste à côté du bâtiment de dix-huit étages, ou la tour carrée qui s'élève au-dessus de l'immeuble d'en face.

Je ne souhaite pas approfondir cette analogie entre l'observation d'un paysage et l'attention portée à un moment du passé. Néanmoins je reviendrai au cours des pages suivantes sur ce que j'ai essayé de démontrer ici. Nous allons le voir, ce que les gens ont vu dans la Révolution française quand ils se sont tournés vers elle tout au long de ces deux siècles écoulés depuis 1789 a varié énormément, en grande partie pour des raisons politiques et idéologiques. Cependant, deux choses ont été communément admises. La première est l'aspect général du paysage auquel on s'est intéressé. Malgré la diversité des hypothèses sur les origines de la Révolution, tout le monde s'accorde sur le fait que la crise de la vieille monarchie a conduit en 1788 à la convocation des États généraux – rassemblant les trois ordres du royaume, le clergé, la noblesse et le reste, à savoir le tiers état –, pour la première fois depuis 1614. Depuis leur formulation première, les jalons politiques de ce qui suit restent inchangés : la transformation des États généraux, ou plutôt du tiers état en Assemblée nationale, les événements provoquant la chute de l'Ancien Régime – prise de la Bastille le 14 juillet 1789, abolition de la féodalité le 4 août, *Déclaration des droits de l'homme*, transformation de l'Assemblée nationale en Assemblée constituante qui, entre 1789 et 1791, révolutionnera la structure administrative et l'organisation du pays – introduisant notamment le système métrique, qui se répandra sur toute la planète – et esquissera, sous la forme d'une monarchie constitutionnelle libérale, la première des presque vingt constitutions que connaîtra la France moderne. De même, nul désaccord concernant la double radicalisation de la

Révolution après 1791, qui a mené en 1792 au déclenchement de la guerre entre la France révolutionnaire et les forces étrangères coalisées, d'une part, à l'insurrection contre-révolutionnaire intérieure, d'autre part. Cela a duré, presque sans interruption, jusqu'en 1815. La radicalisation a aussi conduit à la seconde révolution d'août 1792, qui a aboli la monarchie et institué la République – inaugurant une ère totalement nouvelle et révolutionnaire dans l'histoire humaine – symbolisée, avec un léger retard, par l'adoption d'un nouveau calendrier. Commençant en l'an I, celui-ci abolissait l'ancienne division hebdomadaire, renommant les mois dans le but de donner aux étudiants en histoire des maux de tête mais aussi des moyens mnémotechniques fort utiles. (La nouvelle ère et son calendrier n'auront duré que douze ans.)

Bien qu'aucune autre période de la Révolution n'ait suscité autant de polémiques, le moment de la radicalisation de 1792 à 1794, et particulièrement la période de la République jacobine, également connue sous le nom de « Terreur » (1793-1794), constitue une étape encore plus universellement reconnue, tout comme le célèbre 9 thermidor, qui vit l'arrestation et l'exécution de Robespierre et marque la fin de la Terreur. Le régime de libéralisme modéré mâtiné de corruption qui fut au pouvoir pendant les cinq années suivantes a manqué d'un soutien politique ou de la capacité à restaurer les conditions de stabilité. Il fut remplacé le 18 brumaire 1799 par une dictature militaire à peine camouflée, la première de beaucoup d'autres dans l'histoire contemporaine, résultat du coup d'État d'un jeune général victorieux, Napoléon Bonaparte. La plupart des historiens contemporains font terminer la Révolution à cette date, bien que, comme nous le verrons, pendant la première moitié du XIXe siècle, le régime de Napoléon, du moins jusqu'à ce qu'il se déclare lui-même empereur en 1804, fût communément considéré comme l'institutionnalisation de la société issue de la Révolution. Souvenons-nous que Beethoven a maintenu sa dédicace de la *Symphonie héroïque* à Napoléon jusqu'à ce qu'il cesse de diriger une république.

La succession chronologique des événements, la nature de la Révolution et sa périodisation ne sont donc pas sujettes à controverse. Quels que soient les désaccords sur la Révolution et ses grandes dates, tout le monde peut se retrouver autour de ce canevas historique, ce qui en histoire n'est pas toujours le cas. À la simple mention du

9 thermidor, n'importe qui doté du moindre intérêt pour cette période saura que vous parlez de la chute et de l'exécution de Robespierre et de la fin de la période la plus radicale de la Révolution.

Le second principe universellement admis, en tout cas jusque très récemment, est d'une certaine manière plus important. Il consiste à tenir la Révolution pour un épisode revêtant une signification profonde et sans équivalent dans l'histoire du monde moderne, quoi que l'on puisse penser exactement de cette signification. Ce fut, pour revenir à la citation de J. Holland Rose « la succession d'événements la plus terrible et capitale de toute l'histoire [...] et le point de départ pour l'histoire du XIXe siècle ; parce que ce grand soulèvement [avait] affecté profondément la vie politique et plus encore la vie sociale du continent européen [1] ». L'historien libéral allemand Karl von Rotteck estimait qu'il n'existait pas « plus grand événement dans l'histoire du monde que la Révolution française, ni aucun événement d'une égale importance [2] ». D'autres se sont montrés moins extrêmes, pensant simplement que la Révolution était l'événement historique le plus important depuis la chute de l'Empire romain au Ve siècle. Les plus chrétiens ou, parmi les Allemands, les plus patriotiques, étaient prêts à envisager la comparaison avec les Croisades ou la Réforme, mais Rotteck, qui prenait également en considération d'autres candidats de poids tels que la fondation de l'islam, les réformes de la papauté médiévale ou les Croisades, écartait tout rapprochement. Selon lui, les seules évolutions qui avaient changé le monde dans les mêmes proportions étaient la chrétienté, l'invention de l'écriture et de l'imprimerie – encore celles-ci n'ont-elles changé le monde que *graduellement*, tandis que la Révolution française a « abruptement et avec une force irrésistible bouleversé le continent qui lui avait donné naissance. Elle a aussi précipité ses coups de tonnerre sur les autres continents. Depuis qu'elle a eu lieu, elle a été virtuellement le seul objet digne d'être considéré sur la scène de l'histoire mondiale [3] ».

Posons donc que les hommes du XIXe siècle, du moins les plus instruits, regardaient la Révolution française comme un moment d'une importance suprême, comme un événement ou une série d'événements d'une ampleur, d'une échelle et d'un impact sans précédent. Cette manière de voir tenait non seulement aux conséquences historiques considérables de l'épisode révolutionnaire, qui, aux yeux des observateurs, semblaient évidentes, mais également à la nature singulièrement dramatique et spectaculaire de ce qui s'était déroulé en France et à travers l'expérience française, en Europe et même au-delà dans les années qui suivirent 1789. Pour Thomas Carlyle, qui a écrit dès les années 1830 une histoire de la Révolution colorée et passionnée, celle-ci fut européenne – il la voyait comme un précédent au chartisme – mais incarnait surtout le grand « poème » du XIXe siècle ; un équivalent bien réel des mythes et épopées de la Grèce antique, écrit cette fois non par un Sophocle ou un Homère mais par la vie elle-même [4]. C'était une histoire de terreur, et la période de la République jacobine de 1793-1794 reste connue sous le nom de Terreur bien que, au regard de nos standards contemporains, elle n'ait fait qu'un nombre modeste de victimes, peut-être quelques dizaines de milliers. En Grande-Bretagne, c'est précisément cette image de la Révolution qui a pénétré au plus près la conscience publique, à travers Carlyle ou le roman de Dickens (inspiré par Carlyle), *Un conte de deux villes*, suivi par des épigones populaires comme *Le Mouron rouge* de la baronne Orczy, dépeignant le choc du couperet de la guillotine et les femmes sans-culottes tricotant tranquillement en regardant tomber les têtes des contre-révolutionnaires. Le succès rencontré par *Citizens*, best-seller de l'année 1989, écrit pour le marché anglophone par Simon Schama, un historien britannique expatrié aux États-Unis, suggère que cette image populaire est toujours bien vivante, illustrant une histoire nourrie d'héroïsme et de hauts faits, de soldats en haillons dirigés par des généraux d'à peine vingt ans, conquérant toute l'Europe et plongeant le continent et les mers dans presque vingt-cinq ans de guerre continue. Cette fresque a produit des héros et des traîtres d'une stature impressionnante : Robespierre, Saint-Just, Danton, Napoléon. Pour les intellectuels, elle a donné lieu à une prose d'une force et d'une lucidité laconique merveilleuses. En résumé, la Révolution fut une super-production.

Toutefois, pour ceux qui se tournèrent vers elle au cours du XIXe siècle et plus encore au XXe, l'impact majeur de la Révolution ne fut pas littéraire, mais politique, ou plus généralement idéologique. Je me propose dans ce livre de prendre en considération trois aspects de cette analyse rétrospective. D'abord, je vais étudier la Révolution française comme une révolution bourgeoise et même comme le prototype des révolutions bourgeoises. Ensuite, je vais l'examiner comme modèle pour les révolutions ultérieures et pour leurs promoteurs. Enfin, je m'intéresserai à l'évolution du jugement politique sur la Révolution française entre la commémoration de son centenaire et de son bicentenaire et à son influence sur ceux qui écrivent ou ont écrit son histoire.

Aujourd'hui, il n'est pas simplement démodé de considérer la Révolution comme une révolution bourgeoise ; beaucoup d'historiens verraient cette proposition comme une hypothèse intenable, qui a volé en éclats sous les effets de la critique il y a déjà longtemps. Avant de démontrer sans difficulté que les premiers historiens sérieux de la Révolution – des hommes qui, soit dit en passant, avaient vécu pendant les années 1789-1815 – la voyaient précisément ainsi, je dois dire quelques mots liminaires sur la phase de révisionnisme historique qui touche l'historiographie de la Révolution, une tendance qui fut initiée dans les années 1950 par feu Alfred Cobban de l'Université de Londres. Le révisionnisme a pris la forme d'une attaque massive dans les années 1970, quand François Furet et Denis Richet ont critiqué l'interprétation établie de l'histoire révolutionnaire enseignée depuis la chaire spécialisée de la Sorbonne (créée dans ce but presque un siècle plus tôt [5]). Dans le dernier chapitre de cet ouvrage, je reviendrai sur la succession canonique des professeurs qui ont défendu la Révolution et la République. Observons simplement que l'attaque révisionniste fut dirigée essentiellement contre ce qui était perçu comme une interprétation marxiste de la Révolution – ou plutôt comme « l'interprétation marxiste » – plus ou moins formulée dans la vingtaine d'années qui précédèrent et suivirent la Seconde Guerre mondiale. Que cette perspective ait été ou non l'interprétation propre de Marx est une question sans intérêt, notamment parce que la recension académique la plus complète des vues de Marx et Engels sur le sujet montre que leurs opinions, jamais exposées méthodiquement, ont pu être inconsistantes ou incohérentes. Mentionnons toutefois que, selon les mêmes chercheurs, le concept de révolution bourgeoise (*bürgerliche Revolution*) ne se retrouve pas plus d'une douzaine de fois dans les 38 volumes des *Marx-Engels Werke* (œuvres complètes des deux auteurs disponibles en allemand [6]).

La vision qui a fait l'objet de controverses est celle qui réduit l'histoire de la France du XVIIIe siècle à une lutte de classes entre une bourgeoisie capitaliste montante et l'aristocratie féodale au pouvoir, aristocratie que la bourgeoisie – se percevant comme une classe – a combattue pour devenir le nouveau groupe dominant dans la société. Selon cette interprétation, la Révolution marque le triomphe de la classe bourgeoise. Par conséquent, elle incarne le mécanisme historique qui permet de mettre à bas la société aristocratico-féodale et inaugure l'ère de la société bourgeoise et capitaliste du XIXe siècle qui, est-il sous-entendu, n'aurait pas pu percer ce que Marx appelait le « tégument de l'ancienne société » en évoquant la révolution prolétarienne destinée à détrôner le capitalisme. En somme, le révisionnisme a critiqué et continue de contester la représentation de la Révolution française comme une révolution sociale nécessaire, un pas essentiel et inévitable dans le développement historique des sociétés modernes, et bien sûr comme le transfert de pouvoir d'une classe à une autre.

Il va sans dire que cette perspective était, dans ses grandes lignes, largement partagée, et pas seulement par les marxistes. Il convient cependant de souligner que les interprétations proposées par les grands spécialistes se situant dans cette tradition ne peuvent être réduites à un modèle aussi simple. De plus, ce modèle n'était pas spécifiquement marxiste, bien que – pour des raisons que j'aborderai dans le dernier chapitre –, entre les années 1900 et la Seconde Guerre mondiale, la tradition orthodoxe de l'historiographie révolutionnaire se soit trouvée de nombreux points de convergence avec la tradition marxiste. Il n'est pas difficile de comprendre pourquoi ce modèle convenait bien aux marxistes. Il fournissait, pour ainsi dire, un précédent bourgeois au triomphe annoncé du prolétariat. Les travailleurs constituaient, eux aussi, une classe qui avait vu le jour et s'était développée comme une force irrésistible au sein de l'ancienne société qu'elle devait faire basculer à terme. C'était *inévitablement* par la révolution que viendrait le triomphe ; et, de la même façon que la société bourgeoise avait été en relation avec le féodalisme qui l'avait précédée et qu'elle avait renversé, la nouvelle société socialiste serait la prochaine et ultime étape du développement de la société humaine. Durant l'ère communiste, le schéma convenait encore mieux aux marxistes puisqu'il suggérait qu'aucun autre mécanisme historique que la révolution ne pourrait transformer la société rapidement et fondamentalement.

Il n'est pas nécessaire de résumer les arguments qui ont fait de cette interprétation une hypothèse indéfendable en tant que description de ce qui est arrivé à la fin du XVIIIe siècle en France. Reconnaissons simplement qu'il n'y avait pas, en 1789, de classe bourgeoise consciente d'elle-même, représentant la nouvelle donne du pouvoir économique, préparée à prendre en main les destinées de l'État et de la société ; et si l'on peut mettre en évidence des éléments en faveur de l'existence d'une telle classe dans les années 1780, son intention n'était certainement pas d'entreprendre une révolution sociale mais plutôt de réformer les institutions du royaume. En aucun cas elle n'envisagea la construction méthodique d'une économie industrielle capitaliste. Le problème de la révolution bourgeoise ne s'estompe pas une fois que l'on a démontré qu'il n'existait pas, en 1789, de classes de bourgeois et de nobles, distinctes et antagonistes, combattant pour la suprématie. Colin Lucas, dont les idées exposées dans l'article « Nobles, bourgeois and the origins of the French Revolution » ont été largement utilisées par les historiens révisionnistes, évoque les questions que cela pose :

> « Dans ce cas nous devons décider pourquoi, en 1788-1789, des groupes que l'on peut identifier comme non nobles combattaient des groupes que l'on peu identifier comme nobles ; posant ainsi les fondements du système politique de la bourgeoisie du XIXe siècle ; et pourquoi ils ont attaqué et anéanti les privilèges en 1789, détruisant l'organisation formelle de la société française du XVIIIe siècle et préparant la structure au sein de laquelle le développement socioéconomique du XIXe siècle pourrait s'épanouir [7]. »

En d'autres termes, nous devons découvrir pourquoi la Révolution française fut une révolution bourgeoise en dépit du fait que personne n'avait l'intention qu'elle le soit.

Ce problème n'a pas inquiété ceux qui les premiers, dans les années suivant la défaite finale de Napoléon, considérèrent la Révolution française comme une révolution sociale, une lutte de classes et une victoire bourgeoise sur le féodalisme. Qu'on leur adjoigne ou non les quelques personnages d'exception qui, comme Alexis de Tocqueville, appartenaient à la vieille aristocratie, ils étaient pour la plupart des libéraux modérés, probablement dotés d'une certaine conscience de classe *bourgeoise* [a]. En fait, comme Marx l'a lui-même mentionné, l'idée de la lutte des classes dans l'histoire dérive en droite ligne des travaux

a En français dans le texte.

de ces hommes[8], historiens de leur temps. Quand Napoléon fut envoyé à Sainte-Hélène, François Guizot avait vingt-huit ans, Augustin Thierry en avait vingt, Adolphe Thiers et François Mignet dix-neuf, et Victor Cousin vingt-trois. Et même Pierre Louis Roederer (1754-1835) – pour qui la Révolution était chose faite « dans les mœurs de la classe moyenne » *avant* même les événements, et qui avait exposé en 1815 l'idée d'une montée séculaire de la classe moyenne et du remplacement de la terre par le capital – avait joué un rôle actif dans la Révolution[9]. Il était un peu plus âgé qu'Antoine Barnave, un modéré passé par la guillotine mais dont l'*Introduction à la Révolution française*, écrit en prison dans l'attente de la mort, soutenait une ligne similaire. Ce texte est présenté par Jean Jaurès dans son *Histoire socialiste de la Révolution française* comme la référence fondatrice de l'interprétation socialiste de classe. En écrivant sur la Révolution française, ces hommes formulaient des jugements sur ce qu'ils avaient eux-mêmes vécu et sur ce dont leurs parents, leurs enseignants et leurs amis avaient certainement fait l'expérience immédiate. Mais, au début des années 1820, l'enjeu était de toute évidence, pour citer un travail français récent, la « célébration de l'épopée des classes moyennes[10] ».

Pour Guizot et Thierry, comme pour Marx, cette épopée avait commencé longtemps avant la Révolution – en fait, avec l'obtention par les citoyens des cités médiévales de l'autonomie par rapport à l'autorité des seigneurs féodaux, formant le noyau de ce qui allait devenir la classe moyenne moderne.

> « La bourgeoisie, nation nouvelle dont les mœurs sont l'égalité civile et l'indépendance dans le travail, s'élève entre la noblesse et le servage, et détruit pour jamais la dualité sociale des premiers temps féodaux. Ses instincts novateurs, son activité, *les capitaux qu'elle accumule* [souligné par moi] sont une force qui réagit de mille manières contre la puissance des possesseurs du sol[11]. »

Thierry postulait que « l'élévation continue du tiers état est le fait dominant et comme la loi de notre histoire ». L'ascension historique de cette classe et son accession au pouvoir avaient été démontrées et ratifiées par la révolution de 1789 et plus encore par la révolution de 1830, que Thierry voyait comme la « fin providentielle du travail des siècles écoulés depuis le XIIe siècle[12] ».

François Guizot, un historien étonnamment intéressant devenu Premier ministre dans le régime authentiquement bourgeois de 1830-1848, se montrait encore plus clair : l'affranchissement des bourgeois au Moyen Âge « avait créé une classe générale et nouvelle ». Bien qu'aucune coalition n'ait existé entre ces bourgeois et qu'ils n'aient eu aucune existence commune et publique en tant que classe, ces « hommes engagés dans la même situation, ayant les mêmes intérêts, les mêmes mœurs ne pouvaient manquer de faire naître peu à peu un certain lien, une certaine unité, qui devait enfanter la bourgeoisie. La formation d'une grande classe sociale, de la bourgeoisie, était le résultat nécessaire de l'affranchissement local des bourgeois [13] ». Plus encore, l'affranchissement des communes médiévales était à l'origine de la lutte des classes, « lutte qui [...] remplit l'histoire moderne. L'Europe moderne [était] née de la lutte des diverses classes de la société [14] ». Cependant, la bourgeoisie naissante était limitée par ce que Gramsci aurait appelé sa *subalternité* et que Guizot définissait comme « la prodigieuse timidité d'esprit des bourgeois, leur humilité, l'excessive modestie de leurs prétentions quant au gouvernement de leur pays, la facilité avec laquelle ils se contentent [15] ». En bref, la bourgeoisie était lente à revendiquer son droit à gouverner, à montrer ce que Guizot appelle « cet esprit vraiment politique qui aspire à influer, à réformer, à gouverner [16] ». C'était, par conséquent, ce qu'il fallait réclamer. En 1829, sous le gouvernement réactionnaire de Charles X, qui allait rapidement être renversé par une vraie révolution bourgeoise, il était impossible de s'exprimer plus clairement depuis une chaire universitaire.

Mais quel serait précisément le caractère d'une société bourgeoise une fois que la bourgeoisie se serait enfin décidée « à influer, à réformer, à gouverner » ? Serait-ce, suivant en cela l'interprétation traditionnelle de la Révolution, encore pertinente malgré les critiques et dénigrements des « révisionnistes », « l'ère du capitalisme libéral fondé sur la propriété privée, l'égalité devant la loi et les carrières ouvertes (en théorie au moins) aux talents [17] » ? On ne peut sérieusement douter de l'intention des représentants du tiers état, encore moins des libéraux de la Restauration, de mettre en œuvre ces trois points. La Déclaration des droits de l'homme en disait autant. On ne peut pas non plus douter franchement du premier, même si en 1789 ni le terme « libéral » ni celui de « capitalisme » n'existaient ou n'avaient leur signification moderne, « capitalisme » n'acquérant un sens proche de ce qu'il signifie actuellement qu'au cours des années 1840, décennie qui vit également l'apparition de l'expression de « laissez-faire [18] ». (À l'inverse, le substantif « capitaliste », désignant une personne qui vit du produit ou de la rente de ses investissements, est attesté dès 1798.)

La liberté d'entreprise et la non-intervention dans le domaine de l'économie avaient la faveur de ces hommes. En témoignent l'origine française du slogan international de cette politique, « Laissez-faire, laissez passer », apparu en France plusieurs décennies avant 1789 [a], tout comme la popularité et l'influence d'Adam Smith, dont la *Richesse des nations*, de l'aveu même des Français, « a ruiné les économistes français qui étaient les plus éminents au monde », Smith ayant pu faire ensuite « cavalier seul pendant la plus grande partie du siècle [19] ». Il existait au moins trois éditions françaises de son œuvre avant la Révolution et quatre autres furent publiées pendant la période révolutionnaire (1790-1791, 1795, 1800-1801, 1802) (sans compter la première édition du *Traité d'économie politique* [1803] de son disciple Jean-Baptiste Say, qui ne prit vraiment son essor qu'avec la Restauration). Puis, il n'y eut que cinq éditions françaises de la *Richesse des nations*, de la chute de Napoléon à la fin du XIXe siècle [b]. Tout cela démontre indubitablement l'intérêt considérable que suscita, durant la période révolutionnaire, le prophète de ce qu'on nommerait aujourd'hui la théorie économique du capitalisme libéral.

Les bourgeois libéraux de la Restauration visaient indéniablement la mise en place d'un capitalisme *industriel*, ambition qui ne peut être prêtée aux théoriciens de 1789. (Mais alors on cherchera en vain, même dans l'œuvre immense de Smith, une quelconque anticipation sérieuse de la Révolution industrielle, qui était pourtant sur le point d'advenir dans son pays.) À la fin de l'ère napoléonienne, le rapport entre le développement économique et l'industrialisation était déjà évident. Anciennement associé aux girondins, l'économiste Say s'était

---

a La formule est généralement attribuée à J. C. M. Vincent de Gournay (1712-1759).

b Selon le *Catalogue général des livres imprimés de la Bibliothèque nationale*, Paris, 1948. On pourrait ajouter que deux versions anglaises ont été acquises pendant cette période (1799 et 1814), en plus des trois premières éditions au catalogue avant 1789 et de la version anglaise abrégée (1804). Une traduction française des *Essais philosophiques* de Smith fut aussi publiée en 1797.

essayé à la gestion d'une filature de coton et les obstacles qu'il avait rencontrés du fait de la politique interventionniste de Napoléon l'avaient confirmé dans ses convictions libre-échangistes. En 1814, Saint-Simon voyait déjà l'industrie (au sens moderne du terme) et les industriels (au sens simonien) comme les fondements du futur, tandis que l'expression de « révolution industrielle », par analogie avec la Révolution française, était sur le point de faire son entrée dans le vocabulaire français et allemand [20]. En outre, le lien entre progrès, économie politique et industrie était déjà clair dans les esprits des jeunes philosophes libéraux. Victor Cousin déclarait en 1828 :

> « Les sciences mathématiques et physiques sont une conquête de l'intelligence humaine sur les secrets de la nature ; l'industrie est une conquête de la liberté sur les forces de cette même nature. [...] le monde, tel que l'ont fait les sciences mathématiques et physiques et, à leur suite, l'industrie, est un monde semblable à l'homme, refait par lui à son image [21] ».

L'« économie politique », annonçait Cousin – faisant du Adam Smith –, « explique le secret, ou plutôt le détail de tout cela, elle suit les progrès de l'industrie, qui sont eux-mêmes attachés aux progrès des sciences mathématiques et physiques [22] ». Au sujet de ce monde idéal, il précisait :

> « [...] l'industrie n'y sera pas immobile et stationnaire, mais progressive. Elle ne se contentera pas de recevoir de la nature ce que celle-ci voudra bien lui accorder ; la pêche et la vie pastorale ne lui suffiront pas ; elle tourmentera la terre pour lui arracher le plus de produits possible ; et de nouveau elle tourmentera ces produits pour leur donner la forme qui exprime le mieux l'idée de l'époque. Le commerce s'y développera sur une grande échelle ; et toutes les nations qui joueront un rôle dans cette époque seront des nations plus ou moins commerçantes. Et comme le plus grand lien du commerce est la mer, la mer, empire du fini, de la variété et du mouvement, ce sera l'époque des grandes entreprises maritimes [23]. »

Il n'est pas besoin d'un grand effort pour reconnaître derrière les généralités du discours philosophique du jeune professeur le modèle de la société du XIXe siècle : elle était visible outre-Manche. Nous reviendrons plus bas sur l'orientation britannique du libéralisme français.

Il importe peu que l'idée d'une « économie *industrielle* » ne soit pas clairement apparue avant les débuts de la Restauration (comme en témoignent Saint-Simon et Cousin), le concept général semblant dès lors d'usage courant dans la gauche intellectuelle. Ce qu'il s'agit surtout de noter, c'est qu'il s'est développé comme la prolongation naturelle de la pensée éclairée du XVIIIe siècle, le produit du progrès général des Lumières – liberté, égalité, fraternité –, de l'économie politique et de la production. La nouveauté réside dans le fait de faire dépendre de la montée et du triomphe d'une classe spécifique, la *bourgeoisie*[a], le succès du système économique.

Comment dès lors intégrer la Révolution française à ce schéma ? La réponse nous est fournie par François Mignet dans son *Histoire de la Révolution française*. Publiée en 1824, c'est la première histoire de la Révolution digne de ce nom. Le travail de Mignet n'a été précédé que par le livre plus imposant d'Adolphe Thiers, un homme destiné comme Guizot aux plus hautes fonctions politiques. Sous l'Ancien Régime, explique Mignet, les hommes étaient divisés en classes rivales : les nobles et le « peuple », ou le tiers état, « dont la force, les richesses, la consistance et les lumières augmentaient chaque jour[24] ». Le tiers état a élaboré la Constitution de 1791, qui a institué une monarchie constitutionnelle libérale. « Cette constitution était l'œuvre de la classe moyenne, qui se trouvait alors la plus forte ; car, comme on le sait, la force qui domine s'empare toujours des institutions. » La classe moyenne était désormais le pouvoir dominant, la classe dirigeante. Malheureusement, prise entre le roi et l'aristocratie révolutionnaire, d'un côté, et la « multitude » de l'autre, elle se trouvait « attaquée par l'une et envahie par l'autre[25] ». Si l'on voulait conserver les acquis de la révolution libérale, la guerre civile et l'intervention étrangère nécessitaient la mobilisation populaire. Mais « pour défendre la patrie, [la multitude] voulut la gouverner ; alors elle fit sa révolution, comme la classe moyenne avait fait la sienne ». Le pouvoir populaire n'a pas duré. Les objectifs de la révolution libérale étaient atteints : « malgré l'anarchie et malgré le despotisme : l'ancienne société a été détruite pendant la révolution, et la nouvelle s'est assise sous l'Empire[26] ». En bonne logique, Mignet termine son histoire de la Révolution avec la chute de Napoléon en 1814.

---

a En français dans le texte.

La révolution était alors interprétée comme un processus complexe et certainement pas linéaire, qui avait néanmoins mené à son sommet la longue ascension de la classe moyenne et remplacé l'ancienne société par une nouvelle. La discontinuité sociale fondamentale provoquée par la Révolution a rarement été présentée plus élégamment et avec autant d'éloquence que ne l'a fait Tocqueville, dont les travaux sont constamment cités, pour d'autres raisons, par les historiens révisionnistes. Il écrit dans ses *Mémoires* : « Notre histoire de 1789 à 1830, vue de loin et dans son ensemble, m'apparaissait comme le tableau d'une lutte acharnée entre l'Ancien Régime, ses traditions, ses souvenirs, ses espérances et ses hommes représentés par l'aristocratie, et la France nouvelle conduite par la classe moyenne[27]. » Comme Thierry, Tocqueville voyait dans la Révolution de 1830 la seconde édition, réussie cette fois, d'un 1789 rendu nécessaire par la tentative des Bourbons de remonter les aiguilles du temps jusqu'en 1788. La Révolution de 1830, affirme-t-il, fut un triomphe de la classe moyenne « définitif et si complet que tous les pouvoirs politiques, toutes les franchises, toutes les prérogatives, le gouvernement tout entier se trouvèrent renfermés et comme entassés dans les limites étroites de cette bourgeoisie. [...] Non seulement elle fut ainsi la directrice unique de la société, mais on peut dire qu'elle en devint la fermière[28] ». La Révolution, comme il l'écrit ailleurs, « a entièrement détruit ou est en train de détruire (car elle dure encore) tout ce qui, dans l'ancienne société, découlait des institutions aristocratiques et féodales, tout ce qui s'y rattachait en quelque manière, tout ce qui en portait, à quelque degré que ce fût, la moindre empreinte[29] ».

À la lumière de telles opinions, exprimées par des hommes qui, après tout, décrivaient la société dans laquelle ils vivaient, il est bien difficile de comprendre les visions actuelles selon lesquelles la Révolution fut « inefficace au regard de ses résultats », sans même parler des historiens révisionnistes qui soutiennent qu'« à la fin, la Révolution a bénéficié aux mêmes élites foncières qui l'avaient lancée », ou qui considèrent la nouvelle bourgeoisie montante comme un groupe qui continue à « s'insérer dans une volonté d'identification à l'aristocratie[30] ». Ce n'est pas ainsi que la France postrévolutionnaire a marqué ceux qui y ont vécu ou qui l'ont visitée ; dans le regard d'observateurs étrangers, tout comme chez Balzac, c'était une société dans laquelle, plus que dans aucune autre, la richesse était le pouvoir, et les hommes se consacraient à son accumulation.

Retraçant l'émergence d'une lutte de classes entre bourgeois et prolétaires en France après la Révolution, Lorenz von Stein imaginait même une explication historique à cette exceptionnelle inclination au capitalisme. Sous Napoléon, expliquait-il, la question cruciale de la Révolution, c'est-à-dire « le droit de tout individu à s'élever, par ses propres capacités, aux positions les plus élevées dans la société civile et dans l'État » a été restreint à l'alternative suivante : amasser des biens ou réussir dans l'armée [31]. Le despotisme excluait toute autre forme de compétition pour les honneurs. Ainsi la France est-elle devenue riche « parce que précisément en s'enfonçant dans le despotisme de l'Empire, elle est entrée dans une période où la *richesse* constitue le *pouvoir* pour chaque individu [32] ». Expliquer maintenant la différence notable entre l'interprétation de certains historiens de la fin du XXe et les observateurs du début du XIXe siècle relève d'un autre domaine. On ne peut pas éluder le fait que les premiers libéraux modérés de l'ère postrévolutionnaire ne percevaient pas les conséquences de la Révolution de la même manière que l'ont fait leurs successeurs libéraux des années 1980.

Une chose est sûre : quelque part entre 1814, quand Mignet terminait son *Histoire de la Révolution française*, et le début des années 1820, les jeunes libéraux de la classe moyenne qui avaient grandi dans les années 1790 et 1800 en vinrent à interpréter la Révolution comme le point culminant de l'ascension séculaire de la bourgeoisie jusqu'à la position de classe dirigeante. Notons toutefois qu'ils n'identifiaient pas la classe moyenne exclusivement ou essentiellement aux entrepreneurs, même s'ils ne doutaient pas que la société bourgeoise prendrait ultérieurement la forme du capitalisme et, de plus en plus, celle de la société industrielle. Guizot l'exprime avec sa lucidité habituelle. Au XIIe siècle, cette nouvelle classe comprenait principalement des marchands, des petits commerçants (« négociants faisant un petit commerce »), des petits propriétaires terriens ou immobiliers, des citadins. Trois siècles plus tard, elle comprenait en outre des avocats, des médecins, des lettrés de toutes sortes et tous les magistrats locaux : « La bourgeoisie s'est formée successivement, et d'éléments très divers : on n'a pas tenu compte en général, dans son histoire, ni de la succession ni de la diversité. [...] C'est peut-être dans la diversité de sa composition aux diverses époques de l'histoire qu'il faut chercher le secret de sa destinée [33]. »

Sociologiquement, Guizot avait évidemment raison. Quelle que soit la nature de la classe moyenne ou de la bourgeoisie du XIXe siècle, l'association de différents groupes situés entre la noblesse et la paysannerie, qui avant cela ne s'étaient pas nécessairement trouvé beaucoup de choses en commun, formait une seule classe, consciente d'elle-même et traitée par les autres comme telle. Cette classe était notamment constituée par ceux dont la position sociale était fondée sur la propriété et par ceux qui bénéficiaient d'une certaine éducation (*Besitzbürgertum* et *Bildungsbürgertum*, selon la terminologie allemande [34]). L'histoire du XIXe siècle est incompréhensible à qui considère seulement les entrepreneurs comme « réellement » bourgeois.

L'interprétation bourgeoise de la Révolution française est devenue l'interprétation dominante, non seulement parmi les libéraux français mais aussi parmi ceux de tous les pays dans lesquels « le commerce et le libéralisme », c'est-à-dire la société bourgeoise, n'avaient pas encore triomphé, ce que, bien entendu, les libéraux s'attendaient à voir advenir partout. En 1817, Thierry pensait que seules la France, l'Angleterre et la Hollande étaient acquises au libéralisme. L'affinité entre les pays où la société bourgeoise était devenue dominante était telle qu'en 1814 Saint Simon, le prophète de l'« industrialisme » et inventeur du mot, et Thierry, qui était alors son secrétaire particulier, envisageaient la création d'un seul et même Parlement franco-anglais, destiné à être la base d'une série d'institutions européennes dans le cadre d'une monarchie constitutionnelle européenne unique après le triomphe du nouveau système [35].

Les historiens libéraux ne manquaient pas de voir des affinités entre la Grande-Bretagne et la France révolutionnaire, mais ils considéraient également la Grande-Bretagne comme un prédécesseur et un modèle pour la France. Rien n'est plus frappant, considérant le gallocentrisme habituel de la culture française, que l'intérêt de ces hommes pour l'histoire de l'Angleterre – en particulier, Thierry et Guizot, tous deux profondément influencés par Walter Scott. On pourrait même dire que, non contents d'interpréter la Révolution française comme bourgeoise, ils considéraient la révolution anglaise du XVIIe siècle sous le même angle. (C'est un autre aspect de l'héritage des libéraux de la Restauration, qui plus tard séduira les marxistes.) Ils avaient leurs raisons : le précédent anglais confirmait les libéraux de la classe moyenne française – dont l'idéal n'était certainement pas la révolution en elle-même mais, pour citer encore Thierry, « un progrès lent mais ininterrompu » –, dans la conviction que la révolution pouvait tout de même être nécessaire, puisque l'exemple anglais avait démontré qu'un tel phénomène était en mesure de survivre à la fois à l'équivalent de 1793-1794 (1649 et Cromwell) ou de l'éviter (1688) pour créer un système capable de transformations non révolutionnaires et progressives [36].

Malgré son insistance sur la centralité de la lutte des classes dans l'histoire européenne, Guizot développe des arguments particulièrement limpides. En effet, il ne se représente pas ce combat comme un jeu à somme nulle se soldant par la victoire totale de l'une des parties et l'élimination de l'autre, mais – même dans les années 1820 – comme un processus produisant, à la fin, *dans chaque nation*, « un certain esprit général, une certaine communauté d'intérêts, d'idées, de sentiments qui ont triomphé de la diversité et de la guerre [37] ». Son idéal semble avoir été l'unité nationale sous l'hégémonie bourgeoise. Il n'est pas étonnant qu'il ait été fasciné par le développement historique de l'Angleterre où, plus que partout ailleurs en Europe, « les divers éléments de l'état social s'étaient combinés, [avaient] combattus, [s'étaient] modifiés, avaient été continuellement obligés de transiger et de vivre en commun », un pays où « l'ordre civil et l'ordre religieux, l'aristocratie, la démocratie, la royauté, les institutions locales et centrales, le développement moral et politique ont marché et grandi ensemble, pêle-mêle pour ainsi dire, sinon avec une égale rapidité, du moins toujours à peu de distance les uns des autres ». L'Angleterre a ainsi été capable d'atteindre « plus vite qu'aucun des États du continent, au but de toute société, c'est-à-dire à l'établissement d'un gouvernement à la fois régulier et libre ». Guizot conclut : « Par les mêmes causes, le bon sens national et l'intelligence des affaires publiques ont dû s'y former plus vite [38]. »

Des raisons historiques expliquaient ces différences entre l'évolution de la France et celle de la Grande-Bretagne (c'est le sujet de la dernière leçon du cours de Guizot), même si, dans chaque pays, la tendance de fond était similaire. Alors que le féodalisme britannique (le « joug normand ») avait consisté en la conquête par une noblesse normande d'un régime anglo-saxon établi et structuré, permettant une résistance populaire organisée et probablement institutionnalisée et entretenant l'attrait pour les anciennes libertés anglo-saxonnes ; l'équivalent français résidait dans la conquête par les nobles francs d'une population désagrégée de Gaulois (« nos ancêtres, les Gaulois »), inconciliables mais impuissants. Leur soulèvement contre les nobles pendant la Révolution française en fut d'autant plus incontrôlé et incontrôlable et cette révolution terrible et extrême [39]. Il faut voir dans ce texte une tentative pour expliquer ce qui rendait perplexes tant d'historiens libéraux du XIXᵉ siècle, à savoir pourquoi en France « le passage d'une société féodale et aristocratique à une société industrielle et démocratique s'est fait par convulsion » (pour reprendre les mots de Lord Acton) à la différence d'autres nations (Acton pense bien entendu à la Grande-Bretagne [40]). Néanmoins, l'évolution britannique pouvait servir de modèle à la France après 1789 : la Grande-Bretagne avait renversé son Robespierre et/ou son Napoléon (Cromwell), rendant possible une seconde révolution – la Glorieuse Révolution de 1688 –, calme et décisive, destinée à installer un système durable. La France pouvait en faire autant, ce qu'elle fit en installant la monarchie de Juillet en 1830.

Dans la France de la Restauration, les défenseurs de la révolution bourgeoise étaient ainsi des modérés en puissance, convaincus que leur classe avait déjà remporté la victoire finale. À l'étranger, c'était plutôt l'appel de 1789 qui résonnait puissamment et clairement aux oreilles des classes moyennes. Les institutions du Moyen Âge avaient fait leur temps, estimait un historien allemand, libéral et suffisamment idéaliste. Les nouvelles idées ont germé et cela a affecté « par-dessus tout, les relations des états de la société [*Stände*] ». L'« État bourgeois » (*Bürgerstand*) est devenu chaque jour plus important. En conséquence, « les hommes ont commencé à parler et à écrire sur les droits de l'homme et à examiner les droits de ceux qui fondaient leurs revendications sur les privilèges [41] ». Ces mots, qui n'avaient plus lieu d'être utilisés en France, demeuraient de l'ordre du vocabulaire de combat dans l'Allemagne des années 1830. Le terme de « bourgeois [a] » se définissait en France par opposition à « peuple [b] » ou à « prolétaires [c] ». En

a En français dans le texte.
b En français dans le texte.
c En français dans le texte.

Allemagne, comme l'atteste la *Brockhaus Enzyklopädie* de 1827, il était opposé à « aristocratie », d'une part, et à « paysannerie », d'autre part ; quant au sens de « *Bürger* », il se rapprochait de plus en plus de « classe moyenne » ou de « bourgeois » en français [42]. La révolution bourgeoise était ce que les libéraux allemands de la classe moyenne désiraient ou estimaient nécessaire. Et ils l'envisageaient avec beaucoup plus de clarté que leurs prédécesseurs français en 1788, puisqu'ils disposaient de la perspective des événements et expériences de 1789.

Pour les Allemands, le parallèle avec l'histoire anglaise, analysé *a posteriori* par les historiens français, instaurait (particulièrement à partir du moment où l'on pouvait y ajouter la révolte des Pays-Bas) un mécanisme de transformation historique d'une grande force et de portée générale. À la veille de 1848, Georg Gervinus, un libéral allemand, s'interrogeait ainsi : « Un grand peuple cherchant à établir une vie politique indépendante, la liberté et le pouvoir doit-il nécessairement passer par une crise révolutionnaire ? Le double exemple de l'Angleterre et de la France nous incline à accepter cette proposition. » À l'instar de tant d'autres à cette époque, Gervinus était à la fois un chercheur érudit et un militant politique [43].

Comme beaucoup des idées reprises plus tard avec enthousiasme par les marxistes, cette notion de la nécessité de la révolution établie par extrapolation historique (ce que Charles de Rémusat appela plus tard la « conviction géométrique qu'il existe une loi des révolutions du monde moderne [44] ») était celle des libéraux français de la Restauration. L'hypothèse était bien sûr plausible et n'a pas pâti des développements historiques ultérieurs.

Entre le XVIIe siècle et le milieu du XXe, les histoires de tous les États « développés » – à l'exception de la Suède –, ainsi que toutes les principales puissances du monde moderne ont connu, une ou plusieurs fois, des discontinuités soudaines, cataclysmes, ou ruptures historiques, pouvant être identifiés comme révolutions ou comme événements révolutionnaires. Vouloir imputer ces bouleversements à un simple concours de circonstances serait excessif, tout comme il serait infondé et clairement erroné de conclure à partir du passé historique que le changement passe inévitablement par des ruptures.

En aucun cas la notion de révolution nécessaire élaborée par les historiens libéraux de la Restauration ne doit être confondue avec ses versions plus récentes. Les libéraux ne tenaient pas particulièrement à encourager le renversement violent des régimes, mais ils ne pouvaient pas non plus défendre le gradualisme, qu'ils auraient sans aucun doute préféré à la révolution. En réalité, ce dont ils avaient besoin c'est (*a*) d'une théorie légitimant la révolution libérale face à l'accusation qu'elle produisait nécessairement le jacobinisme et l'anarchie, (*b*) d'une justification au triomphe de la bourgeoisie. La théorie de la révolution nécessaire et inévitable remplissait ces deux critères. Qui, en effet, pourrait bien vouloir contester un phénomène incontrôlable qui dépasse la volition humaine, une chose comparable à la rencontre de deux continents selon la tectonique des plaques ? Cousin trouvait un millier de raisons pour affirmer que la révolution était absolument nécessaire jusque dans ses excès, qui faisaient partie de sa « mission destructrice ». Et, pour Guizot, « les secousses qu'on appelle les révolutions sont bien moins le symptôme de ce qui commence que la déclaration de ce qui s'est passé », c'est-à-dire, la montée en puissance de la classe moyenne [45]. Plus généralement, dans la première moitié du XIXe siècle, ce point de vue ne semblait pas excessif aux observateurs raisonnables.

Confrontés à leur tour à la nécessité de mener à bien une révolution bourgeoise et conscients que l'idée leur en était venue de France, les membres de la bourgeoisie allemande, loin d'être extrémistes, ont plus volontiers que leurs contemporains anglais fermé les yeux sur la violence de la Révolution. D'une part, parce qu'en matière de libéralisme les Anglais n'avaient pas besoin de prendre la France pour modèle, d'autre part, parce qu'ils devaient faire face chez eux à l'éruption de forces sociales venues d'en bas. L'image de la Révolution française qui a le plus profondément pénétré la conscience anglaise n'est pas 1789 ou 1791 mais 1793-1794, la « Terreur ». Quand Carlyle a écrit son *Histoire de la Révolution française* en 1837, il n'a pas seulement salué la splendeur du spectacle historique, mais a aussi envisagé ce que pourrait être une révolte des travailleurs pauvres en Grande-Bretagne. Sa référence était le chartisme, ce qu'il a clairement exprimé plus tard [46].

Les libéraux français étaient bien sûr hantés par les dangers du jacobinisme. Les libéraux allemands contemplaient cela avec un calme surprenant, tandis que les radicaux, comme le très jeune génie révolutionnaire Georg Büchner, s'y confrontaient sans sourciller [47]. Friedrich List, le champion du patriotisme économique allemand, défendait la

Révolution contre l'accusation qu'elle n'était qu'un simple déchaînement de violence. Il préférait y voir le résultat du « réveil de l'esprit humain [48] ». « Il n'y a que ce qui est faible et impuissant qui soit né sans douleur », annonçait un autre Allemand, libéral lui aussi, qui étudiait la Révolution française [49] avant d'épouser une soubrette et de prendre la chaire d'économie à l'Université de Prague [50].

Cela dit, s'il est indéniable que les libéraux français de la génération postrévolutionnaire voyaient la Révolution comme *bourgeoise* [a], il est tout aussi certain que leur analyse en termes de classes et de lutte des classes aurait surpris observateurs et protagonistes des événements de 1789, jusqu'aux membres du tiers état pleins de ressentiment à l'égard des privilèges aristocratiques, comme Barnave ou encore Figaro dans la pièce de Beaumarchais et l'opéra de Mozart-Da Ponte. C'est la Révolution qui a créé la conscience de l'existence d'une strate entre l'aristocratie et le peuple, précisément la « classe moyenne [b] ». L'expression était d'ailleurs bien plus communément utilisée que « bourgeoisie [c] », en particulier pendant la monarchie de Juillet [51].

Cette classe était « moyenne » à double titre. Premièrement, le tiers état, qui se déclarait lui-même être « la nation » en 1789, n'était pas, pour parler concrètement, la nation elle-même, mais ce que l'abbé Sieyès, son porte-parole le plus éloquent et accessoirement un adepte d'Adam Smith, appelait les « classes disponibles » de cet état, c'est-à-dire, selon Colin Lucas, « le groupe solide et unifié des professionnels », le rang moyen de la société, ceux qu'on avait élus pour la représenter. Le fait qu'ils se percevaient eux-mêmes, plutôt sincèrement, comme les représentants des intérêts de la nation tout entière, et même de l'humanité en général, soutenant un système non plus fondé sur l'intérêt et le privilège ou « sur des préjugés et des coutumes, mais sur ce qui est de tous les temps et de tous les lieux, sur ce qui doit être la base de toute Constitution, la liberté et le bonheur du peuple », ne doit pas empêcher d'observer qu'ils étaient issus d'une couche sociale spécifique de la population française et qu'ils en étaient conscients [52]. Pour Mignet, l'électorat de 1791 – dans le cadre de la révolution des libéraux – fut restreint aux hommes éclairés qui

a En français dans le texte.

b En français dans le texte.

c En français dans le texte.

« possédaient ainsi toute la force et tous les pouvoirs de l'État », car « [la nation éclairée] était alors seule propre à les exercer, parce qu'elle avait seule les lumières qu'exige la conduite du gouvernement ». Ces hommes constituaient une élite sélectionnée à partir de ses capacités, qui s'exprimaient à travers l'indépendance économique et l'éducation [53]. Pareille élite, ouverte, fondée non plus sur la naissance (avec une exception dans la mesure où l'on considérait que la constitution physique et mentale des femmes les excluait) mais sur le talent, était inévitablement largement composée d'individus venus des strates moyennes de la société (d'une part, la noblesse n'était pas nombreuse et son statut n'était pas corollaire à son intelligence, d'autre part, la « multitude » ne bénéficiait ni de l'éducation ni des moyens économiques). Toutefois, les carrières ouvertes aux talents étant la base essentielle d'une telle élite, rien ne pouvait empêcher quiconque remplissant ces critères d'appartenance, quelle que soit son origine sociale, d'être accepté en son sein. Ce que Mignet confirmait : « Le véritable but de la société [...] n' est pas de donner ses avantages en patrimoine à une classe, mais de les y faire participer toutes lorsqu'elles sont *capables de les acquérir.* »

Deuxièmement, les « classes disponibles » du tiers état, devenues naturellement les architectes de la nouvelle France, se situaient au milieu aussi pour d'autres raisons. Elles étaient politiquement et socialement opposées tout à la fois à l'aristocratie, au-dessus d'elles, et au peuple, en dessous. Le drame de la Révolution pour ceux que nous devons appeler rétrospectivement les libéraux modérés – le mot lui-même, tout comme leur analyse de la Révolution, n'apparaît pas en France avant la chute de Napoléon [54] – tient dans le fait que le soutien populaire fut essentiel à la victoire révolutionnaire contre l'aristocratie, l'Ancien Régime et la contre-révolution, alors même que le peuple et la classe moyenne avaient des intérêts sérieusement divergents. Comme l'a indiqué un siècle plus tard le juriste anglais Albert Venn Dicey, un libéral parmi les moins radicaux : « Le besoin de recourir au soutien de la populace parisienne impliquait la connivence avec les crimes et les atrocités, ce qui a rendu impossible l'établissement d'institutions libres en France. La répression de la populace signifiait la réaction, et vraisemblablement la restauration du despotisme [55]. » En d'autres termes, sans la multitude, pas d'ordre nouveau, avec elle, le risque constant d'une révolution sociale, qui pendant une courte période (1793-1794) a semblé devenir réalité. Les fondateurs du nouveau régime avaient besoin d'une protection qui les préserve à la fois des anciens dangers et des nouveaux risques. Il n'est donc pas étonnant qu'ils se soient reconnus au cours des événements puis, rétrospectivement, comme appartenant à la classe moyenne et qu'ils aient perçu la révolution comme une lutte de classes contre l'aristocratie et contre les pauvres.

Cela étant, comment aurait-il pu en être autrement ? Le point de vue révisionniste actuel, qui considère que la Révolution fut d'une certaine manière « inutile », c'est-à-dire que la France du XIXe siècle aurait été la même si la Révolution n'avait pas eu lieu, n'est ni vérifiable ni vraisemblable. Même en envisageant les arguments avancés dans le sens le plus restrictif possible, à savoir que « les changements que l'on peut attribuer à la Révolution sont loin d'approcher le phénomène d'ample mobilité collective, susceptible de modifier la structure sociale », et qu'il n'était pas nécessaire de débloquer le mécanisme du capitalisme dans un système vieillissant qui ne présentait pas d'obstacles sérieux, enfin que, si la Révolution française a eu un effet, c'est celui de ralentir le développement postrévolutionnaire du capitalisme ; on ne saurait supposer que les modérés de 1789 aient partagé ce point de vue, ne serait-ce que parce qu'il appartient au discours de la fin du XXe siècle et non à celui de la fin du XVIIIe [56].

Il était assez évident, quasiment dès la réunion des États généraux, que le programme éclairé de mesures et de progrès sur lequel en principe, qu'ils soient nobles ou non, tous les hommes de bonne volonté s'accordaient, ne serait pas mis en œuvre par une reforme venue d'en haut – ce qu'ils avaient tous espéré –, mais par un nouveau régime. Le programme fut lancé par une révolution – c'est-à-dire d'en bas –, puisque la révolution depuis le haut, aussi désirable soit-elle en théorie, n'était plus une option en 1789, si elle a jamais été considérée comme telle. Et, en effet, rien ne se serait passé sans l'intervention des masses populaires. Même Tocqueville, qui a décrit à quel point il aurait été agréable qu'un despote éclairé prenne la responsabilité d'une révolution autocratique, ne l'a jamais envisagé [57]. Si, à toutes les phases du processus révolutionnaire, il y eut des hommes pour déclarer que l'affaire était allée bien assez loin, les historiens libéraux de la Restauration – à la différence des libéraux d'aujourd'hui et de quelques historiens révisionnistes –, ayant fait l'expérience d'une grande révolution, savaient que pareils événements ne pouvaient pas être zappés comme un programme de télévision. L'image qui sous-tend le *dérapage*[a] de François Furet est anhistorique, dans la mesure où elle implique que la maîtrise du véhicule était possible alors que la perte de contrôle est une composante des grandes révolutions, des grandes guerres du XXe siècle et d'autres phénomènes comparables.

> « Tout l'effort de notre révolution, écrivait Thierry en 1817, se faisait pour de vaines formules, et presque pour des jeux de mots ; l'intérêt sensible, l'intérêt réel, restait oublié. [...] Vainement aurait-on essayé de nous représenter le vide des objets que nous poursuivions ; par malheur l'histoire était là, et nous pouvions la charger de parler pour nous, et de confondre la raison [58]. »

Mignet savait cela mieux que ses descendants dans la grande famille du libéralisme modéré :

> « Il serait pourtant téméraire d'affirmer que la face des choses n'eût pas pu devenir différente ; mais ce qu'il y a de certain, c'est que la Révolution, avec les causes qui l'ont amenée et les passions qu'elle a employées ou soulevées devait avoir cette marche et cette issue. [...] Il n'a guère été plus possible de l'éviter que de la *conduire* [souligné par moi] [59]. »

Dans le deuxième chapitre, je reviendrai sur la perception de la révolution comme un phénomène naturel échappant au contrôle humain. Il s'agit d'une des conclusions les plus caractéristiques et les plus importantes que les observateurs ont tirées de leur expérience de la Révolution française.

Néanmoins, on peut se demander si les libéraux modérés de la Restauration n'auraient pas dû condamner, comme le font aujourd'hui leurs successeurs, le caractère incontrôlable du cataclysme à travers lequel la France était passée. Pour pouvoir, avec les révisionnistes, qualifier le quart de siècle révolutionnaire de « péripétie cruelle [60] » de l'histoire de France, après laquelle put reprendre le rythme lent du changement, n'aurait-il pas fallu que les contemporains aient au minimum témoigné, d'une façon ou d'une autre, du

---

a En français dans le texte.

coût disproportionné des transformations qui ont suivi et qui furent somme toute mineures ? Ou qu'ils aient exprimé un peu de cette nostalgie pour l'Ancien Régime que les visiteurs des pays d'Europe gouvernés un jour par la monarchie des Habsbourg peuvent encore percevoir chez les intellectuels locaux, alors que leurs grands-parents et arrière-grands-parents ont secoué le joug impérial ? (N'aurait-on pu d'ailleurs s'attendre à ce que les masses dont la vie avait été très perturbée pour de bien maigres résultats amorcent un retour à la monarchie[a] ?) Mais aucune réaction de ce type n'a jamais été observée.

Les libéraux de la Restauration, quel que soit leur effroi pour tout ce qui a pu se passer dans le pays, n'ont pas rejeté la Révolution. Ils n'ont pas pour autant versé dans le discours apologétique. Leur façon d'écrire l'histoire de la Révolution était considérée par J. W. Croker, un conservateur anglais, comme une « conspiration générale en marche contre les anciens Bourbons – une apologie paradoxale de la vieille Révolution et une incitation à peine voilée en faveur d'une nouvelle[61] ». Adolphe Thiers, l'auteur évoqué par Croker, peut difficilement être soupçonné de radicalisme excessif, même dans les années 1820[62]. Quels qu'aient pu être les excès de la Révolution, existait-il vraiment une alternative ? Comme l'exprime François-Xavier Joseph Droz, qui était encore un jeune homme sous la Terreur : « N'imitons pas ces anciens qui, terrifiés par l'incendie du chariot de Phaéton, demandèrent aux dieux de les laisser dans la pénombre permanente[63]. »

Rien n'est plus frappant chez les libéraux de la Restauration que leur refus d'abandonner jusqu'à cet épisode de la Révolution, le jacobinisme de 1793-1794, indéfendable selon leur logique et qu'ils ne souhaitaient d'ailleurs pas défendre, et auquel les modérés avaient mis un terme. La révolution qu'ils souhaitaient préserver était celle de 1789, celle de la Déclaration des droits de l'homme, dont Tocqueville n'a jamais cessé de souligner l'essence libérale ou, plus concrètement, celle qui a introduit les principes de la Constitution de 1791[64]. N'est-ce pas Guizot lui-même qui défendait une conception de la

a Si pour les sceptiques le bilan est dans l'agriculture comme dans tous les domaines « globalement négatif », même Sédillot ne conteste pas que « les paysans ont davantage gagné que perdu » (René SÉDILLOT, *Le Coût de la Révolution française*, Perrin, Paris, 1987, p. 173, 266), constat sur lequel tout le monde s'accordait au XIXe siècle.

Révolution comme un tout, « le développement nécessaire d'une société en progrès [...], la lutte *terrible* mais *légitime* du droit contre les privilèges » ? N'était-ce pas Guizot qui souhaitait « ne rien méconnaître de la Révolution », tout en affirmant :

> « Je ne prétends la décharger de rien. Je la saisis tout entière, ses vérités et ses erreurs, ses vertus et ses excès, ses triomphes et ses revers [...]. Vous me direz qu'elle a violé la justice, opprimé la liberté. Je vous dirai oui, j'entrerai même avec vous, si cela vous convient, dans l'examen des causes de ces funestes écarts. J'irai plus loin ; je vous accorderai que le germe en était déposé dans le berceau même de la révolution [65]. »

À la différence de ceux, nombreux, qui, après avoir hésité, ont finalement pris part aux célébrations du bicentenaire de la Révolution française, les libéraux de la Restauration, avec toute leur modération, défendaient en somme l'idée que « crimes compris, la Révolution avait valu la peine [66] ».

Le fait que la Terreur jacobine avait été un épisode de courte durée, auquel la Révolution avait elle-même mis un coup d'arrêt, fournissait une justification pour accepter ce que Thierry appelait, en parlant de la Révolution anglaise, des « actes de violence nécessaires ». Après tout, les modérés n'avaient perdu le contrôle que temporairement. L'attitude à l'égard de la violence révolutionnaire s'explique également par une autre raison, plus profonde celle-là. Elle réside dans l'idée largement partagée parmi les libéraux que la Révolution paraissait toujours indispensable. De même que l'Ancien Régime n'aurait pas pu être renversé sans révolution en 1789, la tentative pour le restaurer qu'ils croyaient à l'œuvre devait elle aussi être vaincue par une révolution. Derrière le développement du modèle bourgeois de la Révolution française, dont les traces remontent à la Restauration, se trouve précisément le combat politique qui oppose les bourgeois libéraux modérés aux tentatives réactionnaires de retour à la monarchie d'Ancien Régime. Cette lutte est devenue évidente en 1820, quand les militants politiques libéraux – ce qui inclut tous les hommes que nous avons évoqués jusque-là – ont dû se retirer de l'action pour penser et écrire. « Écrivez, messieurs, faites des livres – aurait dit le leader libéral Royer Collard après la chute du ministère Decazes –, il n'y a pas autre chose à faire en ce moment [67]. » C'est ainsi qu'est née l'école historique de la

Restauration de Guizot, Thiers, Mignet et les autres. Et, quand l'action est redevenue possible, certains sont restés à leurs études. En 1830, ces jeunes historiens qui étaient engagés dans l'élaboration d'une théorie en faveur de la révolution bourgeoise l'ont enfin mise en pratique.

Ici, une clarification s'impose. Il faut bien comprendre que, pour les libéraux modérés, la Restauration de 1814 constituait non pas une concession malheureuse à la réaction sous la pression de la défaite, mais exactement ce qu'ils souhaitaient. Incertains dans un premier temps, ils ont rapidement vu – ou voulu voir – en Louis XVIII un monarque constitutionnel, même si pour sauver la réputation internationale et monarchique on appela la Constitution « Charte librement accordée d'en haut [68] ». Napoléon avait protégé la bourgeoisie contre les dangers qui la menaçaient, mais sa protection avait un prix : exclusion des affaires publiques et absence de droits civiques. La bourgeoisie n'exerçait aucune responsabilité de pouvoir. « Il y avait vraiment les riches et les pauvres, remarque Lorentz von Stein, mais il n'y avait pas de classe dirigeante, et aucune classe dirigée. Il n'y avait que des sujets [69]. » La Restauration de 1814 n'a pas seulement rétabli la monarchie, mais les éléments si essentiels d'un gouvernement constitutionnel représentatif sans les dangers d'une démocratie excessive, un régime qui ressemble à l'institutionnalisation des acquis de la Révolution modérée – avant 1791 –, sans la nécessité d'autres révolutions. Comme l'écrit Guizot : « La révolution et la légitimité ont aujourd'hui en commun ce trait fondamental, cet intérêt dominant que l'une et l'autre aspirent à se conserver et à conserver ce qui est [70]. » Ce faisant, une collaboration a été mise en place, fondée sur des « droits mutuels » au moyen de laquelle « les rois et les peuples » – Guizot pensait comme toujours à l'Angleterre – « ont mis fin à ces guerres intérieures qu'on appelle des révolutions ». Guizot reproche moins aux réactionnaires l'intention de restaurer un ancien régime, qui ne pouvait guère être rétabli, que le risque pris que survienne une nouvelle irruption des masses, peut-être nécessaire, mais toujours dangereuse et imprévisible. La bourgeoisie aimait Louis XVIII parce que « pour la maison de Bourbon et ses partisans, le pouvoir absolu est impossible ; avec eux, la France a besoin d'être libre [71] ». En bref, contre l'Ancien Régime et la démocratie, le nouveau monarque était un meilleur rempart que Napoléon, et le régime de 1830 était une solution encore plus souhaitable. Cette révolution fut en fait menée et pensée comme une révolution bourgeoise, instituant un gouvernement bourgeois conscient de lui-même et conscient de son existence en tant que classe, avec un roi qui portait un haut-de-forme plutôt qu'une couronne. Le problème crucial du libéralisme bourgeois modéré, celui du contrôle de la mobilisation révolutionnaire des masses, a même pu sembler résolu. Au vu de la manière dont les choses ont tourné, ce n'était qu'une impression.

Assurément, la Révolution induisait à la fois 1789 *et* 1793-1794, elle était nécessairement *et* modérée *et* jacobine. Toute tentative pour séparer l'une de l'autre, accepter Mirabeau mais rejeter Robespierre, était irréaliste. Cela ne signifie pas qu'il faille suivre les conservateurs du XIXᵉ siècle dans leur tendance à identifier les deux. En 1823, Isaac Da Costa (1798-1860), un idéologue hollandais protestant, évoquait un jacobinisme « désormais appelé par son nouveau nom de libéralisme [72] ». Les idéologues du libéralisme bourgeois ont longtemps essayé de tenir à distance la démocratie, entendue comme l'intervention des pauvres et de la majorité ouvrière dans la vie politique. Avec à l'esprit l'expérience du jacobinisme, les libéraux de la Restauration et la Constitution de 1830 l'ont fait avec encore moins de pitié que la Constitution de 1791. Ils ont cru, comme on l'a vu chez Mignet, à l'électorat « pris dans la nation éclairée » qui « possédait toute la force et tous les pouvoirs de l'État », car « elle avait seule les lumières qu'exige la conduite du gouvernement ». Ils n'ont pas cru en revanche à l'égalité des droits pour tous les citoyens car, selon eux, comme l'écrit Mignet, la marque de la « véritable égalité » était l'« admissibilité », comme la marque de l'inégalité était l'« exclusion [73] ». La démocratie libérale leur semblait présenter une contradiction dans les termes avec, d'un côté, le libéralisme, basé sur une élite méritocratique ouverte, et, de l'autre, la démocratie. L'expérience de la Révolution les a même rendus suspicieux à l'égard de la République, qui en France était associée au jacobinisme. Ce qui leur aurait vraiment convenu finalement, c'est un système se rapprochant de la monarchie constitutionnelle de l'Angleterre whig, peut-être quelque chose d'un peu plus logique, systématique et moins hasardeux, préférablement porté par une révolution contrôlée du type de la révolution de 1688. En 1830, ils ont cru qu'il l'avait trouvé.

Mais il n'y avait aucune raison de s'arrêter en chemin une fois passée l'étape de 1789. C'est ici qu'on retrouve l'immense mérite de

Tocqueville qui, libéral d'origine aristocratique, ne partageait pas complètement les illusions d'un Guizot ou d'un Thiers. Ses écrits sur la Révolution ont été interprétés de façon incorrecte comme la démonstration de son inutilité, en faveur d'une lecture privilégiant la continuité historique de l'évolution française. Pourtant, comme on l'a vu, personne ne fut plus convaincu que lui de la rupture majeure et irréversible provoquée par la Révolution avec le passé. De la même façon, ses écrits sur la démocratie en Amérique ont été lus, en Amérique précisément, comme une évaluation des mérites de ce système. Or ce n'est pas le cas. Bien qu'il craignît la démocratie, Tocqueville a reconnu qu'à long terme il n'y avait aucune façon de l'éviter. Elle faisait implicitement partie du programme libéral. Ce système démocratique pouvait-il fonctionner sans produire le jacobinisme ou provoquer une révolution sociale ? La question le conduisit à enquêter aux États-Unis et à conclure, au terme de son voyage, à la possibilité d'une version non jacobine de la démocratie. Néanmoins, en dépit de sa promptitude à saluer la démocratie américaine, ses observations ne l'ont pas rendu enthousiaste pour le système. En composant ce travail remarquable, Tocqueville pensait et espérait certainement que 1830 fournirait un cadre permanent pour les prochaines évolutions de la société française et de ses institutions. Il souhaitait simplement faire remarquer, à juste titre, que le cadre devrait inévitablement s'élargir s'il voulait continuer à fonctionner dans la démocratie politique qu'il générait, qu'on le veuille ou non. À la longue, c'est bien ainsi que la société bourgeoise a opéré, mais sans faire d'essai sérieux avant 1870, même dans le pays de la Révolution. Comme nous le verrons dans le dernier chapitre, le jugement sur la Révolution à l'heure du centenaire fut largement dominé par ce problème.

Le point fondamental concernait, et concerne encore, le couple 1789 et 1793. C'est que le libéralisme bourgeois et les révolutions sociales des XIXe et XXe siècles revendiquent l'héritage de la Révolution française. Dans ce chapitre, j'ai essayé de montrer comment le programme du libéralisme bourgeois se cristallisa dans l'expérience de la Révolution et dans son étude. Dans le prochain chapitre, nous examinerons la Révolution française comme modèle pour les révolutions qui ont entrepris d'aller au-delà du libéralisme, mais aussi comme point de référence pour ceux qui les ont observées et jugées.

2

Dépasser la révolution bourgeoise

Des premiers soubresauts de l'année 1789 aux lendemains de la Première Guerre mondiale, la Révolution française a dominé non seulement l'histoire, mais également la langue et le symbolisme des politiques occidentales. Il faudrait ajouter aussi les politiques menées par les élites des pays qui forment ce qu'on appelle le tiers monde, et qui ont cru répondre aux espoirs de modernisation de leurs peuples en suivant l'exemple des États européens les plus développés. Ainsi, pendant près d'un siècle et demi, le drapeau tricolore français a servi de modèle dans toutes les parties du monde, pour les bannières de la majorité des États nouvellement indépendants ou unifiés : en lieu et place du bleu, blanc, rouge, l'Allemagne a choisi le noir, le rouge et l'or (et plus tard le noir, le blanc et le rouge) ; l'Italie de l'Unité s'est, quant à elle, parée de vert, de blanc et de rouge. À la fin des années 1920, vingt-deux pays s'étaient choisi des drapeaux constitués de trois bandes de couleurs, verticales ou horizontales ; et deux autres présentaient des blocs de trois couleurs avec du rouge, du blanc et du bleu, suggérant également l'influence française. En comparaison, les étendards rappelant la « bannière étoilée » américaine étaient vraiment peu nombreux ; même dans des versions extrêmement réduites – une seule étoile dans le coin supérieur gauche –, on compterait au maximum cinq drapeaux, dont trois pour des États virtuellement créés par les États-Unis (Libéria, Panama et Cuba). Même en Amérique latine, les drapeaux dénotant une influence tricolore surpassaient en nombre ceux témoignant d'une influence nord-américaine. Le rayonnement international comparativement modeste de la Révolution américaine – à l'exception évidente de son influence sur la Révolution française – doit retenir l'attention. En tant que modèle de transformation des systèmes politiques et sociaux, elle a, pour ainsi dire, été absorbée et remplacée par la Révolution française. Cela s'explique en partie par le fait que, dans les sociétés européennes, les réformateurs ou les révolutionnaires ont pu se reconnaître plus directement dans l'Ancien Régime français que dans les colons, libres et propriétaires d'esclaves, de l'Amérique du Nord. En outre, bien plus que la Révolution américaine, la Révolution française s'est elle-même considérée comme un phénomène global, un modèle pionnier de la destinée du monde. Enfin, sans même parler de son caractère dramatique, elle se distingue des nombreuses révolutions de la fin du XVIIIe siècle, non seulement par son échelle et – du point de vue du système d'État – sa centralité, mais aussi, dès le départ, par sa dimension consciemment œcuménique.

Pour d'évidentes raisons, le modèle français a particulièrement inspiré et influencé ceux qui ont proposé de mettre en œuvre des révolutions, et notamment des révolutions ayant pour objet la transformation fondamentale de l'ordre social (les « révolutions sociales »). Dans les pays industriels, c'est à partir des années 1830 ou, au plus tard, des années 1840, que la référence à la Révolution s'est installée au cœur des mouvements sociaux de la classe ouvrière, du moins dans les organisations qui prétendaient parler au nom de celle-ci. En France, après 1830, l'idéologie et le langage de la Révolution se sont diffusés dans les régions et dans les couches de la population qui étaient restées à l'écart de la période révolutionnaire initiale, c'est-à-dire principalement dans les campagnes. Ce processus a été admirablement décrit et analysé par Maurice Agulhon pour une partie de la Provence dans *La République au village*[1]. Hors de France, les paysans sont dans l'ensemble restés hostiles aux idéologies portées par les citadins. Et même s'ils pouvaient les comprendre, c'est par une terminologie différente qu'ils ont justifié leurs propres mouvements de contestation. Jusque tard dans la seconde moitié du XIXe siècle, les gouvernements, les classes dirigeantes et les idéologues de la gauche se sont accordés habituellement – avec satisfaction ou résignation – pour dire que les paysans étaient conservateurs. Cette sous-estimation du potentiel radical des agriculteurs par la gauche est tout à fait notable dans les révolutions de 1848 – comme en témoigne leur historiographie encore longtemps après la Seconde Guerre mondiale –, même si, dans le sillage de 1848, Friedrich Engels ne considérait pas comme totalement utopique, semble-t-il, une deuxième édition de la guerre des Paysans qu'il appelait de ses vœux, tout en en écrivant une histoire populaire. Il avait bien sûr assisté à l'action des révolutionnaires armés dans le sud-ouest de l'Allemagne, une partie du pays où, comme les historiens sont en train de le réaliser, 1848 fut essentiellement un mouvement agraire, peut-être le plus important de la sorte depuis la guerre des Paysans au XVIe siècle [2]. Néanmoins, même pour les paysans révolutionnaires, la Révolution française était déjà lointaine. À ce titre, il est tout à fait révélateur de rappeler que ce n'est pas dans la langue des jacobins que le jeune Georg Büchner, auteur de l'étonnante *Mort de Danton*, s'est adressé à la paysannerie de la Hesse, sa région natale, mais dans la langue de la Bible luthérienne [3].

De leur côté, les travailleurs urbains ou les ouvriers de l'industrie n'ont eu aucune difficulté à adopter la langue et le symbolisme de la révolution jacobine, que l'extrême gauche française avait spécifiquement adaptés à leur situation – notamment après 1830 – en identifiant le peuple au prolétariat. En 1830, les ouvriers français, tout en devenant conscients de leur existence en tant que mouvement de classe *contre* les autorités libérales, qui, elles aussi, faisaient appel à la rhétorique révolutionnaire, l'avaient ajustée à leurs propres besoins. À l'époque, ce processus d'appropriation du discours révolutionnaire ne concernait pas seulement la France [4]. Les mouvements socialistes allemands et autrichiens, mus probablement par l'identification de leurs leaders avec la révolution de 1848 – les travailleurs autrichiens ont commémoré le souvenir des victimes de mars 1848 (*Märzgefallene*) avant de célébrer le 1er mai –, insistaient ouvertement sur l'inscription de leur mouvement dans la continuité de la Grande Révolution. *La Marseillaise* (selon différentes adaptations) était alors l'hymne de la social-démocratie allemande, tandis que, à l'occasion du défilé du 1er mai 1890, les badges des sociaux-démocrates autrichiens arboraient le bonnet phrygien et le slogan « Égalité, liberté, fraternité[5] ». Il n'y a rien de surprenant à cela. Après tout, l'idéologie et le langage de la révolution sociale étaient venus de France, n'atteignant l'Europe centrale qu'à l'occasion du retour au pays de ces radicaux allemands, voyageurs au long cours, ou à la faveur des départs des émigrés politiques allemands, des touristes du Paris d'avant 1848 et à travers les publications parfois très bien informées et très influentes rapportées dans ses bagages, par Lorenz von Stein notamment[6]. Le temps que se développent les importants mouvements ouvriers de l'Europe continentale, la Révolution française comme tradition de transformation politique active et insurrectionnelle avait, de fait, été réduite à sa composante populaire et prolétaire. Ainsi, la commune de Paris de 1871 rattachait les jacobins à la tradition révolutionnaire prolétarienne, en particulier à travers la nécrologie analytique éloquente qu'en proposait Marx[7].

La Révolution française survivait autant à travers 1793-1794 qu'à travers 1789. Cette relation intrinsèque semblait tellement évidente qu'elle n'inquiétait pas les observateurs. Bien que très court en apparence et vaincu rapidement dans la plupart des nombreux pays qu'il avait ébranlés, le mouvement de 1848 démontrait que le processus révolutionnaire n'était pas mort. En France, les libéraux, qui avaient espéré que 1830 y mît un terme définitif, s'adonnaient aux déclarations les plus pessimistes. « J'ignore quand finira ce long voyage », s'exclamait Tocqueville avec indignation dans les années 1850. « Je suis fatigué de prendre successivement pour le rivage des vapeurs trompeuses, et je me demande souvent si cette terre ferme que nous cherchons depuis si longtemps existe en effet, ou si notre destinée n'est pas plutôt de battre éternellement la mer[8] ! » Dans les années 1870, Jakob Burckhardt ouvrait son cours sur la Révolution française en utilisant la même métaphore : « Nous savons que la tempête qui a atteint l'humanité en 1789 nous emmène toujours vers le futur[9]. »

Dans ces conditions, la Révolution française en est venue à servir des intérêts divers. Pour ceux qui voulaient transformer la société, elle fournissait une inspiration, une rhétorique, un vocabulaire, un modèle et un point de comparaison. Pour ceux qui n'en avaient ni le besoin ni l'envie, les trois premières références étaient moins essentielles (sauf en France), bien qu'il faille admettre qu'une grande part du vocabulaire politique de tous les États occidentaux du XIXe siècle a trouvé son origine dans la Révolution et a souvent été directement emprunté ou adapté du français, à l'exemple du champ lexical associé au mot « nation ». C'est donc avant tout comme point de comparaison qu'on considérait la Révolution, parce qu'il est simplement plus fréquent d'en avoir peur que de la désirer. Comme nous allons le voir, pour la grande majorité de la nouvelle gauche prolétaire et socialiste européenne, la pertinence opérationnelle de 1789-1799 est devenue, à la différence de sa pertinence idéologique, de plus en plus vague. À l'inverse, les gouvernements et les classes dirigeantes n'ont cessé de réaffirmer les risques de subversion et de rébellion chez des hommes et des femmes qui, comme ils étaient bien placés pour le savoir, avaient de nombreuses raisons d'être insatisfaits. Les révolutions du passé servaient donc de points de comparaison incontestables. En 1914, à la veille de ce qui sera la Première Guerre mondiale, le ministre britannique John Morley se demandait si le climat du pays, qui traversait alors une période d'agitation sociopolitique considérable, n'était pas semblable à celui qui avait précédé 1848 [10]. Quand une révolution éclatait, elle était immédiatement rapprochée de ses devancières, à la fois par ceux qui l'attendaient et par ceux qui voulaient à tout prix l'éviter. Plus l'événement était imposant, plus la comparaison avec 1789 s'imposait.

Ainsi, en juin 1917, *Current History Magazine*, une revue américaine dépendant du *New York Times*, publia un article anonyme dont le titre « Les révolutions russe et française 1789-1917 : parallèles et contrastes » reflétait indiscutablement les préoccupations des hommes cultivés, aux États-Unis et en Europe, à l'époque [11]. Il est probable que bon nombre d'entre eux seraient tombés d'accord avec les observations plutôt banales exposées dans l'article. Dans les deux pays, écrivait l'auteur, « si le souverain s'était sagement et loyalement résigné à céder au moment critique, établissant d'authentiques institutions représentatives [...], aucune révolution n'aurait eu lieu. Dans les deux pays également, la résistance finale, et fatale, vint d'une reine étrangère (Marie-Antoinette d'un côté, la tsarine d'origine allemande de l'autre), par son dangereux pouvoir sur le souverain ». Dans les deux pays, soutenait-il plus loin, les philosophes et les écrivains s'étaient longuement préparés pour la révolution – Voltaire et Rousseau en France, Tolstoï, Herzen et Bakounine en Russie. (L'auteur ne fait pas grand cas de l'influence de Marx.) Par ailleurs, il établissait un parallèle entre le Conseil des notables en France (1787), remplacé par les États généraux puis par l'Assemblée constituante, et le Conseil de l'empire en Russie, qui avait cédé la place à la Douma impériale. Analysant le développement interne de la Révolution qui, à l'été 1917, n'avait bien sûr pas beaucoup progressé, l'auteur établissait des correspondances : le parti des cadets Rodzianko et Milioukov (constitutionnel-démocrate) lui faisait penser aux girondins, le soviet des députés des ouvriers et des soldats, aux jacobins. (La prédiction n'était pas mauvaise dans la mesure où elle semblait impliquer que les libéraux pouvaient être renversés par les soviets. Mais, pour le reste, l'auteur ne semble pas avoir fait preuve d'une perspicacité particulière.)

Toutes ces comparaisons n'avaient pas pour objet la révolution libérale de 1789-1791, mais bien la période de la dictature jacobine et tout ce qu'elle impliquait. En effet, à l'exception de la Russie tsariste et de la Turquie, 1789 n'était plus un sujet brûlant. À la fin du XIXe siècle, exception faite des deux monarchies absolues susmentionnées et des deux républiques de France et de Suisse – laissons de côté les reliques moyenâgeuses de San Marin et Andorre –, l'Europe était composée à une écrasante majorité de monarchies qui avaient dû composer avec la Révolution, ou, inversement, de classes moyennes qui avaient dû accepter de coexister avec les anciens régimes. Après 1830, il n'y eut pas d'autre révolution bourgeoise victorieuse. Néanmoins, les vieilles monarchies avaient appris que leur survie nécessitait l'adaptation sinon à l'ère du libéralisme et de la bourgeoisie, en tout cas au libéralisme de 1789-1791 ou plutôt de 1815-1830. Mais, en retour, elles avaient compris aussi que la plupart des bourgeois libéraux sauraient se contenter d'une version abrégée de leur programme en échange de garanties sérieuses contre le jacobinisme, la démocratie, ou toute autre forme de gouvernement auxquels pourrait conduire une poussée populaire mal maîtrisée. La restauration de 1814 a su anticiper un modèle général : un ancien régime ayant pris suffisamment de la Révolution française pour satisfaire tous ses partenaires. Voici, ce qu'en 1866 disait Bismarck – conservateur par excellence –, dans son incomparable lucidité et avec son goût pour la provocation : « S'il doit y avoir une révolution, mieux vaut la faire plutôt que d'en être les victimes [12]. »

Le libéralisme bourgeois (excepté en Russie et en Turquie) n'avait plus besoin de révolution et n'en voulait certainement plus. En fait, il avait hâte de se libérer de l'analyse historique qu'il avait été l'un des premiers à soutenir, car cette analyse, d'abord dirigée contre le féodalisme, menaçait maintenant la société bourgeoise. Comme l'avait déjà écrit Louis Blanc en 1847 dans son *Histoire de la Révolution française*, si la révolution avait permis à la bourgeoisie de remporter une vraie liberté, elle n'avait pour le peuple qu'une valeur symbolique [13]. Celui-ci devait à son tour faire sa propre Révolution française. Des observateurs plus lucides ou plus radicaux ne s'en sont pas tenus là, voyant dans la lutte entre la nouvelle classe dirigeante bourgeoise et le prolétariat qu'elle exploitait la composante principale de l'histoire du capitalisme – de la même manière que la lutte de la bourgeoisie contre le féodalisme avait constitué le moteur de l'ère précédente. C'était le point de vue des communistes français, enfants de l'extrême gauche jacobine de la période postthermidorienne. Si ce développement de l'analyse classiste bourgeoise et libérale fut accueilli favorablement par les révolutionnaires sociaux tels que Marx, il était des plus malvenu pour ses fondateurs. Thierry, secoué par la révolution de 1848, finit par conclure que l'analyse de classe était pertinente pour l'ancienne société mais non pour la nouvelle, parce que la nation qui s'était réalisée dans la Révolution formait maintenant un tout, un et indivisible. Selon lui, il était encore plus faux de croire que le tiers état correspondait à la bourgeoisie et que ce tiers état bourgeois était supérieur aux classes restées à l'écart du pouvoir, ou même qu'il avait des intérêts différents d'elles [14]. Guizot, qui s'était toujours ménagé une porte de sortie plus efficace, se dégagea brusquement de tout soutien aux révolutions. Elles appartenaient ou devaient appartenir au passé.

Du côté des révolutionnaires sociaux préoccupés par le devenir du prolétariat, la question de la révolution bourgeoise était paradoxalement restée urgente et vitale. De leur point de vue, cette révolution précédait la révolution prolétarienne. C'était là une évidence que justifiaient les développements historiques antérieurs : il y avait eu au moins une révolution bourgeoise victorieuse et, jusqu'à présent, aucune révolution prolétarienne. Seul le développement du capitalisme au sein de la société bourgeoise pouvait créer les conditions de l'émergence de son challenger prolétarien, car, comme l'avait dit Marx commentant le Thierry d'après 1848, « l'antagonisme caractérisé entre la bourgeoisie et le *peuple* ne commence naturellement à exister qu'à partir du moment où la bourgeoisie cesse de faire face, sous le nom de tiers état, à la noblesse et au clergé [15] ». On pouvait aussi soutenir, et ce serait le cas plus tard, que seule l'extension de la révolution bourgeoise à sa conclusion logique, la république démocratique, créerait les conditions institutionnelles et organisationnelles pour la conduite effective de la lutte de classes du prolétariat contre la bourgeoisie. Mais quels que soient les détails de la discussion, il était universellement admis jusqu'en 1917, du moins parmi les marxistes, que le triomphe de la classe ouvrière et du socialisme passait par la révolution bourgeoise – la première phase nécessaire de la révolution socialiste.

À partir de là, trois questions se posèrent. Premièrement, il semblait évident qu'il fallait lier les deux. Le spectre du communisme avait commencé à hanter l'Europe à une époque où la révolution bourgeoise n'avait, selon les cas, pas encore eu lieu (comme en Allemagne), ou semblait loin d'être complète, du moins à la petite bourgeoisie, comme en France pendant la monarchie de Juillet ou même en Angleterre à l'heure du premier *Reform Act*. Qu'allait-il donc se passer ? C'est la question que se posait la gauche dans les années 1840 et qu'elle continuait à creuser dans les années 1850, en espérant toujours un nouveau 1848. Deuxièmement, que se passerait-il si, comme cela s'était produit dans plusieurs pays, la bourgeoisie atteignait ses principaux objectifs sans mener la révolution bourgeoise au-delà du point de compromis satisfaisant avec l'Ancien Régime ? Ou, troisième éventualité, qu'arriverait-il si la bourgeoisie une fois encore sacrifiait ses revendications politiques en matière de constitution et de gouvernement représentatif au profit de quelque dictature, afin de tenir les ouvriers à l'écart du jeu démocratique ? La Révolution française donna des éléments de réponse aux première et troisième questions, mais comment envisager la deuxième ?

Le jacobinisme a pu sembler être la clé du problème de 1848. Il paraissait à la fois essentiel au succès et à la survie de la révolution bourgeoise, tout en étant un moyen de la radicaliser, de la pousser vers la gauche, c'est-à-dire au-delà de ses limites bourgeoises. Pour résumer, le jacobinisme a fourni à la fois un moyen d'accomplir les fins de la révolution bourgeoise quand la bourgeoisie seule était dans l'incapacité de le faire et un moyen d'aller au-delà. L'analyse initiale de Marx au début des années 1840 – alors qu'il n'était qu'un homme de gauche parmi tant d'autres à scruter chaque phase de l'histoire de la révolution avec une loupe politique grossissante dans le but de discerner des leçons pour le futur – s'est concentrée sur le jacobinisme comme phénomène politique ayant permis à la révolution de bondir plutôt que de marcher et d'accomplir en cinq ans ce qui autrement aurait pu prendre beaucoup plus, car « timorée et conciliante comme elle l'est, la bourgeoisie ne fût pas venue à bout de cette besogne même en plusieurs décennies [16] ». À partir de 1848, la possibilité de tirer la révolution vers la gauche sous la pression d'une avant-garde politique, de transformer son caractère, est ainsi devenue un point central de sa pensée. Cette phase des réflexions stratégiques de Marx a constitué le point de départ pour Lénine ou plus précisément pour les révolutionnaires marxistes russes. Ils se trouvaient alors dans ce qui leur semblait être une situation analogue à celle décrite par Marx, avec une bourgeoisie et un prolétariat, mais qui à l'évidence étaient encore trop faibles pour jouer le rôle historique que la théorie leur assignait. Comme ses opposants aimaient à dire, Lénine était un jacobin.

Bien sûr, l'origine jacobine du communisme était au cœur de l'argumentation développée par Buonarroti dans *La Conspiration des égaux* (1828). L'extrême gauche française a d'ailleurs accepté cette généalogie jusqu'à ce que les blanquistes, peu après 1848, s'engouffrent dans l'idée que les hébertistes avaient été les vrais révolutionnaires à l'inverse de ce Robespierre insuffisamment athée. De son côté, le jeune Engels acceptait clairement ce lignage [17]. Avec Marx, ils avaient soutenu dès le départ que le soutien à la république jacobine était le « prolétariat insurgé », mais un prolétariat dont la victoire en 1793-1794 ne pouvait être que passagère et qu'« un élément au service de la révolution bourgeoise elle-même » aussi longtemps que ne seraient pas créées les conditions matérielles pour l'abolition de la société bourgeoise. (C'est là un des rares exemples de l'utilisation de l'expression « révolution bourgeoise » par Marx [18].) L'analyse complète de la composition sociale des foules parisiennes n'interviendra que bien plus tard ; tout comme la fine distinction entre jacobins et sans-culottes qui sera si importante pour l'historiographie française de gauche de Mathiez à Soboul.

En somme, il était naturel à Marx de s'adresser aux Polonais de 1848 en ces termes catégoriques : « Le jacobin de 1793 est devenu le communiste d'aujourd'hui [19]. » On comprend mieux pourquoi Lénine n'a pas cherché à dissimuler son admiration pour le jacobinisme malgré le qualificatif de « jacobin » dont l'affublaient dans leurs attaques les mencheviks au début des années 1900 et pour d'autres raisons, les narodnikis[20]. Il faudrait peut-être ajouter qu'à la différence de beaucoup d'autres révolutionnaires russes, Lénine n'était pas imprégné d'une connaissance approfondie des menus détails de l'histoire de la Révolution française. Quand bien même il mit à profit son exil en Suisse pour réaliser une liste de lectures sur le sujet, pratiquement tout ce qu'il a écrit à ce propos découle de son éducation générale et de la lecture de Marx et Engels.

Quelque peu à l'écart de la filiation historique, la réflexion marxienne sur la stratégie du prolétariat dans le cadre d'une future révolution post-1848 (comme dans l'*Adresse à la ligue communiste*, 1850) – le célèbre appel à la « révolution permanente » – fournit un lien avec le type de problèmes politiques auxquels les bolcheviks seront confrontés un demi-siècle plus tard. De plus, la critique de Lénine par Trotski, finalement mise en forme par les orthodoxies rivales des sectes trotskistes, se réfère au même point dans la pensée de Marx, à savoir son utilisation (occasionnelle) de l'expression « révolution permanente » pour nommer précisément cette possibilité de transformer la révolution bourgeoise en un mouvement plus radical. Faut-il le préciser, l'utilisation originale de l'expression par Marx renvoie directement à l'histoire de la Révolution française[a].

Par conséquent, il est évident que la question de la révolution bourgeoise était d'un intérêt substantiel pour les révolutionnaires sociaux. Elle est devenue plus cruciale encore dans les rares occasions où ils se sont retrouvés à la tête d'une révolution. Cette question est demeurée importante jusqu'à aujourd'hui, comme en témoignent les débats qui ont agité la gauche révolutionnaire en Amérique latine depuis la fin des années 1950, et qui ont à leur tour nourri les discussions académiques des spécialistes du continent sud-américain, théoriciens des « systèmes monde » d'un côté, théoriciens de la « dépendance » de l'autre. Nous devons nous souvenir que l'enjeu théorique majeur entre la ligne orthodoxe des partis communistes et

a Les discussions les plus intéressantes sur le jacobinisme du point de vue d'une révolution plus radicale se trouvent dans les *Cahiers de prison* d'Antonio Gramsci. Nous en reproduisons un extrait en Annexe.

les différentes nouvelles gauches – gauches marxistes dissidentes (trotskistes, maoïstes et castristes) – concernait la pertinence de l'union immédiate avec la bourgeoisie nationale contre l'impérialisme et les régimes dominés par les propriétaires qu'on pouvait assimiler à des seigneurs féodaux, par rapport à la perspective du renversement immédiat de la bourgeoisie dans le but d'établir directement un régime socialiste [a]. Tout comme les discussions analogues qui ont divisé le mouvement communiste indien, ces débats du tiers monde ne renvoient pas directement à la Révolution française, mais il est clair qu'ils sont le prolongement des échanges qui ont passionné les marxistes et qui eux en découlaient.

Le contraste avec le Vieux Monde est frappant. En 1946, la version trotskiste du débat sur la « révolution permanente » était encore exposée par Daniel Guérin avec ses *Bourgeois et Bras-Nus*, dans des termes spécifiquement liés à la Révolution française. Ce livre, dont le sous-titre annonçait *L'histoire de la lutte des classes sous la Ire République*, a été discuté comme un exemple de la thèse de la révolution permanente [21].

Maintenant, supposons que la bourgeoisie a renoncé à la révolution qu'elle désirait, ou que, l'ayant faite, elle s'est sentie incapable, dans le cadre d'institutions libérales, de se protéger contre le danger représenté par la gauche. Que se passe-t-il alors ? Si l'exemple de la Révolution française nous aide peu ici, il s'agit néanmoins d'un cas de figure devenu courant après 1848, particulièrement en Europe centrale. Les historiens discutent encore aujourd'hui pour savoir si la bourgeoisie allemande a vraiment abdiqué devant la noblesse et la monarchie prussiennes (à la différence des classes moyennes anglaises et françaises), s'engageant ainsi dans un *Sonderweg*, une voie historique particulière, menant à Hitler, ou si, au contraire, elle a en fait forcé Bismarck et les Junkers à lui accorder un régime suffisamment bourgeois ? Quelles que soient les réponses à ces questions, il est certain que les libéraux allemands ont finalement accepté des réformes situées bien en deçà du programme minimum qui les avait convaincus

---

a En termes académiques, cela a conduit à un débat sans fin sur la nature des modes de production régionaux et à des discussions pour savoir si l'Amérique latine devait être considérée ou non comme essentiellement « capitaliste » depuis la conquête, puisqu'elle faisait partie d'un ensemble, d'un « système monde » qu'on a dit essentiellement capitaliste depuis le XVIe siècle.

de rejoindre la révolution de 1848. Un peu plus tard, en se fondant sur ce qui s'était produit en France, Friedrich Engels a parfois joué avec l'idée qu'une partie de ces libéraux tenterait tôt ou tard de s'emparer du pouvoir. Mais déjà le nouveau mouvement des socialistes et ouvriers allemands ne comptait plus sur cela. Malgré son attachement profond à la tradition de la Révolution française – il ne faut pas oublier que jusqu'à ce que *L'Internationale* devienne leur hymne, les travailleurs allemands chantaient leur propre version de *La Marseillaise* –, l'histoire de 1789-1794 avait cessé d'être politiquement pertinente pour les nouveaux partis sociaux démocrates [22]. Dans certains pays industrialisés, elle était même devenue incongrue, les leaders des partis de gauche allant jusqu'à reconnaître, avec plus ou moins de réticence, que le pas en avant ne passerait plus désormais par la prise de nouvelles Bastilles ou par la proclamation de communes insurrectionnelles. Bien sûr, ces partis se disaient révolutionnaires, surtout s'ils étaient marxistes, ce qu'ils prétendaient être pour la plupart. Mais, comme l'écrivait Karl Kautsky, gourou théorique du grand SPD allemand, non sans un certain embarras : « Nous sommes un parti révolutionnaire, mais nous ne faisons pas la révolution [23]. »

La Révolution française a par ailleurs fourni, sous la forme de l'accession au pouvoir de Napoléon, l'exemple spectaculaire du repli dans l'autoritarisme d'une révolution excessivement radicalisée. Qui plus est, entre 1848 et 1851, l'histoire de France a proposé une performance répétée de ce phénomène. Une fois encore, après avoir vaincu le défi insurrectionnel lancé par la gauche, les libéraux modérés se sont montrés incapables d'établir les conditions de la stabilité politique et ont ainsi permis à un autre Bonaparte de prendre le pouvoir. Rien d'étonnant à ce que le mot *bonapartisme* soit entré dans le vocabulaire politique des révolutionnaires sociaux et notamment de ceux inspirés par Marx, qui a présenté, dans l'un de ses plus brillants pamphlets, l'accession au pouvoir du second Napoléon par le nom du coup d'État du premier. Le phénomène n'a pas échappé aux observateurs libéraux. Heinrich von Sybel y pensait certainement quand, dans les premières pages de l'*Histoire de l'Europe pendant la Révolution française* qu'il avait commencé à écrire en 1853, il constatait que la chute du système féodal médiéval (*Feudalwesens*) avait partout favorisé le développement de l'État militaire moderne [24]. En 1914, l'historien libéral anglais et futur ministre H. A. L. Fisher en a tiré des généralités, pas franchement perspicaces, présentées dans six leçons sous le titre de *Bonapartisme*. Plus généralement, le mot était utilisé dans les discours politiques conventionnels, soit, comme en France, pour décrire simplement la cause de ceux restés attachés à la dynastie Bonaparte ou, plus communément, comme un synonyme de ce que l'on pourrait également appeler *césarisme* en référence à Jules César.

Quoi qu'il en soit, la question du bonapartisme a été intensément discutée au sein de la gauche marxiste. Il s'agissait surtout de s'interroger sur ce qu'il adviendrait de la lutte des classes et de l'autorité de chaque classe en cas d'exact équilibre entre les forces en présence. Autrement dit, dans quelle mesure l'appareil d'État ou un dirigeant pourrait, dans une telle situation, devenir autonome et s'élever au-dessus des classes antagonistes, ou jouer de l'une contre l'autre ? Bien que ces débats aient été engendrés par l'expérience de la première Révolution française, ils ne sont en fait que proches de celle-ci, dans la mesure où ils étaient fondés davantage sur l'expérience du second Bonaparte que sur celle du premier. Et ils étaient bien sûr préoccupés par des problèmes historiques et politiques de plus en plus éloignés du 18 brumaire originel, voire par des questions touchant à des généralités historiques élargies. Certaines discussions contemporaines ne s'inspirent du Bonaparte original que par la référence à son nom, notamment lorsque « bonapartisme » est utilisé pour mettre en lumière les régimes autoritaires et fascistes du XXe siècle [25]. Néanmoins, le terme a finalement été associé aux débats politiques plus directement intéressés par la Grande Révolution française en 1917 et après, comme nous allons le voir.

Au fur et à mesure que l'on avançait dans le XIXe siècle, l'expérience de la révolution originale devenait de plus en plus éloignée des circonstances réelles dans lesquelles se trouvaient les révolutionnaires. Tel était le cas même en France. On pouvait toujours considérer l'année 1830 comme la répétition victorieuse de 1789-1791 – et vraiment elle l'était – mise en œuvre par une bourgeoisie libérale, cette fois préparée au danger jacobin potentiel et à même de renvoyer chez elles les masses mobilisées avant qu'elles n'aient compris qu'elles avaient été bernées. De la même façon, on a considéré l'année 1848 comme une autre variante de la révolution originale, avec un challenge jacobin/sans-culotte renforcé par une extrême gauche qui déclarait représenter le nouveau prolétariat ; celle-ci n'eut toutefois jamais l'occasion de parvenir au pouvoir, même temporairement, parce que mise en minorité, manœuvrée, provoquée dans une insurrection isolée en juin 1848 et brutalement éliminée. Mais, comme après thermidor en 1794, les modérés victorieux, pourtant alliés aux conservateurs, ont manqué du support politique permettant d'asseoir un régime stable et ont ouvert la voie au second Bonaparte. Même la Commune de Paris de 1871 correspondait au modèle de la révolution radicale de 1792, tout au moins dans ses aspects municipaux : la Commune révolutionnaire, les sections populaires, etc. Si la bourgeoisie ne pensait plus dans les termes de 1789-1794, les démocrates et les sociaux-révolutionnaires radicaux, eux, continuaient assurément de le faire. Ils avaient trempé dans l'expérience des années 1790, comme ce fut le cas de Blanqui et de ses successeurs, sans parler des néojacobins, comme Delescluze, qui se voyaient les héritiers directs de Robespierre, Saint-Just et du Comité de Salut public. Dans les années 1860, il existait des hommes qui pensaient qu'à la chute de Napoléon III il faudrait répéter le plus précisément possible ce qui s'était passé au moment de la Grande Révolution [26]. Que ces parallèles avec la Révolution mère aient un sens ou non, ils ne semblaient pas inopportuns pour une raison majeure : la France n'avait manifestement pas réussi à mettre en place un pouvoir stable depuis la chute de l'Ancien Régime en 1789. Elle avait connu dix ans de Révolution, quinze ans de règne de Napoléon, quinze années de Restauration, dix-huit de monarchie de Juillet, quatre ans de IIe République et dix-neuf de second Empire. La Révolution semblait encore en cours.

Après 1870, il est devenu de plus en plus évident que la république démocratique parlementaire constituait la bonne formule pour un régime bourgeois durable, bien que cette république ait continué à être contestée de temps à autre. Mais ces défis venaient essentiellement de la droite ou, dans le cas du boulangisme, de quelque chose qui avait un air de bonapartisme, rendant plus facile l'unité des héritiers des libéraux et des jacobins pour la défense de la République et renforçant les principes qui, comme Sanford Elwitt l'a montré, étaient systématiquement mis en avant par l'opposition modérée dans les années 1860 [27]. Mais attardons-nous sur le revers de la médaille. Le fait que les bourgeois libéraux pouvaient désormais opérer dans le cadre d'une république démocratique, un régime dont ils avaient jusque-là essayé d'éviter l'instauration, démontrait que le danger du jacobinisme n'était pas, ou n'était plus, ce dont ils avaient eu peur. Les ultras ont pu être intégrés au système et ceux qui ont refusé se sont retrouvés isolés dans une minorité « ghetto ». Ce que Danton ou Robespierre avaient fait n'était plus d'un intérêt directement opérationnel pour ceux qui étaient encore inspirés par 1792-1794, bien que, comme on l'a vu, la récupération du mouvement populaire et de la révolution radicale par les libéraux modérés ait donné une résonance nationale à leurs slogans, leurs symboles et leur rhétorique. Après tout, la date de l'épisode le plus spectaculaire de l'intervention populaire dans la Révolution, la prise de la Bastille, fut choisie en 1880 pour célébrer la fête nationale de la République française.

S'il en alla ainsi au pays de la Révolution, ce fut encore plus évident partout ailleurs. Ou bien les révolutions n'étaient pas à l'ordre du jour, ou bien se faisaient jour différentes sortes de révolutions. Car, même là où les politiques d'insurrection et de rébellion étaient pratiquées ou praticables, comme dans la péninsule Ibérique, elles n'étaient pas facilement assimilables à des parallèles avec 1789-1799. Pour le constater, il suffit de regarder la carrière de Giuseppe Garibaldi, qui a probablement pris part à plus de révoltes, de révolutions, de soulèvements armés et de guerres de libération que n'importe quel homme au XIXe siècle, et qui, ayant commencé sa carrière politique sous l'influence de la Révolution française – considérée à travers le prisme de l'idéologie saint-simonienne –, est resté profondément marqué par elle[28]. Bien sûr, à l'exception de quelques conservateurs butés, tout le monde croyait dans les droits de l'homme et dans le pays qui leur avait donné leur expression la plus influente. En apprenant la nouvelle de la guerre franco-prussienne de 1870-1871, le *caudillo* Melgarejo, plus enclin à la sympathie politique qu'à maîtriser la géographie, avait offert de lancer sa cavalerie, du fin fond de sa Bolivie lointaine, au secours de la France, le pays de la liberté. Toutefois, l'admiration ou même l'inspiration sont une chose, les modèles politiques en sont une autre.

La Révolution française a fait son retour comme modèle ou comme point de référence en Russie de façon assez dramatique pour les raisons précédemment évoquées. D'une part, les parallèles semblaient évidents : une monarchie absolue d'ancien régime en crise, la nécessité d'institutions bourgeoises et libérales, qui, sous le tsarisme, ne pouvaient être obtenues que par une révolution, et des forces révolutionnaires plus radicales attendant derrière ceux qui ne désiraient tout au plus qu'un régime constitutionnaliste libéral. D'autre part, les groupes et les corps révolutionnaires – on doit se rappeler qu'au temps du tsar, même les réformateurs modérés s'apparentaient aux révolutionnaires, dans la mesure où il n'existait aucun moyen légal de transformer ou de changer le régime sauf depuis le trône – étaient imprégnés de l'histoire de la Révolution française avec la motivation la plus forte pour examiner attentivement son déroulement historique, sa chronologie, son développement. On avait là une révolution que l'on croyait universellement inévitable et imminente. Marx lui-même a commencé à parier sur la possibilité d'un soulèvement en Russie à partir de 1870.

Les intellectuels russes, dont la plupart étaient par la force des choses des révolutionnaires sous le tsar, baignaient dans l'histoire de la Révolution française. « Ils connaissent mieux la Révolution que nous ! », s'exclamait Marcel Cachin de retour de Moscou devant les délégués du congrès de la SFIO réunis à Tours en 1920[29]. Rien d'étonnant : les contributions originales des historiens russes à l'historiographie de la Révolution française étaient substantielles. I. V. Luchitskii (1845-1918), un libéral, et N. I. Kareiev (1850-1931), un narodniki devenu lui aussi libéral, furent les pionniers de l'étude de la paysannerie et de la question agraire dans la France de la fin du XVIIIe siècle, ce que reconnaissent les historiens français. De plus, c'est à l'anarchiste Pierre Kropotkine, auteur *La Grande Révolution*[30], que l'on doit ce qui fut pendant longtemps le meilleur récit rédigé selon un point de vue de gauche disponible dans le monde. Ses livres parurent d'abord en anglais et en français, en 1909, et finalement en russe en 1914.

Il n'est donc pas surprenant de constater que les révolutionnaires russes se tournaient automatiquement vers les événements français pour établir des parallèles avec la Russie, comme le faisait Plekhanov, le « père du marxisme russe », à la fin de sa vie[31].

Quand bien même la proximité avec la Révolution française était évidente dans la tête des révolutionnaires cultivés, dans les faits, elle ne semble pas avoir joué un grand rôle dans la révolution russe de 1905. Peut-être principalement parce que le tsarisme, temporairement secoué, n'a jamais réellement perdu le contrôle avant que la révolution ne soit réprimée[32]. En 1905, Lénine qualifiait les mencheviks de « girondins » pour n'avoir même pas considéré la possibilité d'une dictature jacobine en Russie, mais la question était circonscrite au terrain académique[33]. En aucun cas, Lénine ne répondait aux allusions directes à l'expérience de la Convention de 1793. Après la défaite, la relation entre la classe ouvrière et la révolution bourgeoise a été davantage discutée, avec les références habituelles au jacobinisme et à sa nature. Néanmoins, la comparaison avec 1789-1799 n'est pas allée bien au-delà des généralités.

À l'inverse, 1917 et les années qui ont suivi ont été pleines de références à la France révolutionnaire, jusqu'à chercher des personnalités russes équivalentes aux célèbres figures de la Révolution française. En 1919, W. H. Chamberlin, qui écrira plus tard l'une des meilleures histoires de la Révolution russe, pensait que Lénine était un Robespierre, mais « à l'esprit plus éclairé et doté d'une expérience plus internationale », tandis que deux ans plus tard Charles Willis Thompson estimait que le parallèle Lénine-Robespierre n'était pas pertinent. Pour Chamberlin, Trotski était un Saint-Just, mais pour Thompson, il ressemblait plutôt à Carnot, l'organisateur des armées révolutionnaires. Plus encore, Thompson rejetait catégoriquement l'hypothèse de ceux qui voyaient dans Trotski un nouveau Marat[34].

Il serait aisé de retracer les chemins par lesquels les révolutionnaires russes dotés d'une culture historique ont comparé les événements de leur propre révolution avec celle qui la précéda. Célèbre chroniqueur de 1917, Nicolas Soukhanov est l'exemple parfait de l'individu « nourri de l'histoire des révolutions anglaises et françaises » qui, au fil de ses observations, postulait que le « pouvoir dual » des soviets et du Gouvernement provisoire pourrait produire une sorte de Napoléon ou de Cromwell – et se demandait qui, parmi les politiciens révolutionnaires, serait choisi pour le rôle – ou peut-être un Robespierre. Mais, une fois encore, aucun candidat évident ne semblait en vue[35]. L'*Histoire de la Révolution russe* de Trotski est pleine de ce type de comparaisons qu'il avait sans aucun doute en tête à l'époque. Les démocrates constitutionnels (le principal parti libéral), qui essayaient de maintenir une monarchie constitutionnelle, lui ont suggéré combien 1917 était différent de 1789. Alors qu'en France, à la veille de la Révolution, le pouvoir royal était encore universellement accepté, en Russie celui autocratique du tsar avait perdu toute légitimité avant même les grandes grèves de 1917. Le pouvoir dual suggérait des parallèles avec les révolutions anglaise et française. En juillet 1917, les bolcheviks ont été amenés à prendre la tête de manifestations populaires qu'ils pensaient pourtant inopportunes. Durement réprimées, elles ont conduit à la défaite temporaire du parti bolchevik et contraint Lénine à la fuite. Le parallèle avec la manifestation du Champ de Mars de juillet 1791, au cours de laquelle La Fayette fit tirer sur les républicains, est venu immédiatement à l'esprit de Trotski ; de même lui parut évident le rapprochement entre la seconde révolution française, celle du 10 août 1792, plus radicale, et la révolution d'Octobre. Les deux semblaient pratiquement irrésistibles, comme annoncées d'avance [36].

Peut-être est-il plus intéressant de voir comment les parallèles avec la Révolution française ont été utilisés par des gens très différents pour juger et, de plus en plus, pour critiquer les développements en Russie. Souvenons-nous encore une fois du prototype historique hérité de la Révolution française. Il consiste en six phases : le déclenchement de la révolution, c'est-à-dire la perte du contrôle des affaires par la monarchie au cours du printemps et de l'été 1789, la période de l'Assemblée constituante se terminant par la Constitution libérale de 1791 ; l'effondrement du nouveau système en 1791-1792 dû aux fortes tensions intérieures et extérieures, menant à la deuxième révolution du 10 août 1792 et à la proclamation de la République ; troisièmement, la radicalisation de la République en 1792-1793, quand la droite et la gauche révolutionnaire – la Gironde et la Montagne – s'affrontaient à la Convention et que le régime combattait, à l'intérieur, les soulèvements et, à ses frontières, l'intervention étrangère. Cette période a culminé avec les journées du 31 mai et 2 juin 1793 donnant le pouvoir à la gauche et introduisant la Révolution dans sa quatrième phase, celle de la République jacobine, à savoir son étape la plus radicale, associée à la Terreur et marquée par une succession de purges internes et une mobilisation populaire sans précédent dans le cadre d'une guerre totale, extraordinaire et victorieuse. La France sauvée, le régime radical se termina le 9 thermidor. Pour notre objet, la période qui s'étend de juillet 1794 jusqu'au coup d'État de Napoléon peut être vue comme une seule et même phase, la cinquième, caractérisée par la tentative de revenir à un régime révolutionnaire modéré et plus viable. Cette tentative se solda par un échec et permit, le 18 brumaire an VIII – 9 novembre 1799 –, l'installation du régime autoritaire et militaire du général Bonaparte. On pourrait sans doute encore distinguer le régime napoléonien jusqu'en 1804, quand Bonaparte dirigeait encore une république, de l'Empire, mais ce n'est pas là précisément notre propos. En tout cas, pour les libéraux de la Restauration, la période napoléonienne tout entière appartenait à la Révolution. À titre d'exemple, *L'Histoire de la Révolution* de Mignet se termine en 1814.

À l'évidence, les bolcheviks de 1917 étaient les jacobins d'alors. Cela n'était pas sans poser de problèmes aux adversaires de Lénine qui entendaient l'attaquer sur sa gauche, car une fois la révolution lancée, les jacobins étaient difficilement critiquables. N'étaient-ils pas en effet les révolutionnaires les plus efficaces et les plus cohérents, les « sauveurs de la France » ? En outre, ils étaient difficilement identifiables à l'extrémisme comme tel, car Robespierre et le Comité de Salut public s'étaient opposés à la fois aux adversaires issus de leur droite et à ceux de leur gauche. D'où le refus du vieux Plekhanov de considérer le transfert du pouvoir d'Octobre comme une victoire des jacobins. Il y voyait plutôt une prise de pouvoir de la part de nouveaux hébertistes (les ultras liquidés par Robespierre au printemps 1794) et pensait que rien de bon ne pourrait en sortir [37]. Inversement, quelques années plus tard, Kautsky, vieux théoricien de la social-démocratie allemande, refusait lui aussi le lien catégorique entre jacobins et bolcheviks. Naturellement, indiquait-il, les amis du bolchevisme pointèrent les ressemblances entre, d'une part, les partisans de la monarchie constitutionnelle et les républicains modérés girondins lors de la Révolution française, d'autre part, entre les sociaux-révolutionnaires vaincus et les mencheviks, identifiant par voie de conséquence les bolcheviks aux jacobins. Ce rapprochement les confirmait dans leur posture de vrais révolutionnaires. Néanmoins, malgré leur proximité de départ avec les jacobins, les bolcheviks se sont comportés plutôt différemment : ils se sont révélés être de vrais bonapartistes, des contre-révolutionnaires si l'on peut dire [38].

Le certificat d'authenticité jacobine fut pourtant délivré aux bolcheviks par l'instance la plus autorisée : la Société des études robespierristes. Celle-ci envoya ses félicitations les plus chaleureuses à la jeune révolution avec l'espoir « qu'elle trouve pour la conduire, des Robespierre et des Saint-Just capables de la protéger contre le double danger de la faiblesse et de l'exagération [39] ». (Et, pourrait-on ajouter, qu'elle continue la guerre contre l'Allemagne que les bolcheviks stoppèrent néanmoins rapidement.) Albert Mathiez, qui était la plus grande autorité sur le sujet et qui voyait Lénine comme « un Robespierre qui a gagné », écrivait, dans un pamphlet intitulé *Bolchevisme et Jacobinisme,* tout en affirmant que l'histoire ne se répète jamais : « Les révolutionnaires russes imitent volontairement et sciemment les révolutionnaires français. Ils sont animés du même esprit [40]. » Mathiez a brièvement (1920-1922) investi son enthousiasme pour ces Robespierre victorieux, grâce à une doctrine plus efficace que l'originale, dans le nouveau parti communiste, ce qui lui a sûrement coûté la succession officielle à la chaire d'histoire de la Révolution française en Sorbonne au moment du départ à la retraite d'Alphonse Aulard en 1924. Pour autant, il est difficile de le considérer comme un communiste ou un marxiste caractéristique, même si l'expérience de l'effort de guerre de 1914-1918 (qu'il a soutenu) et de la Révolution russe ont contribué à conférer à sa synthèse sur l'histoire de la Révolution française (1921) une conscience politique et une dimension sociale plus importantes que dans les précédents travaux du genre.

Chose curieuse, les défenseurs de l'extrême gauche de la Révolution française étaient peu nombreux au départ. Peut-être étaient-ils désarmés d'avance par l'enthousiasme évident des bolcheviks pour la figure de Marat – le nouveau régime donna son nom à un navire de guerre et à une rue de Leningrad. En tout cas, la révolution victorieuse s'identifiait plus facilement à Robespierre qu'à ses opposants de gauche guillotinés, même si peu de temps après Octobre, Lénine dut se défendre contre l'accusation de pratiquer la terreur jacobine : « [On nous reproche de pratiquer la terreur], mais ce n'est pas la terreur des révolutionnaires français qui guillotinaient des gens désarmés et j'espère que nous n'irons pas jusque-là [41]. » Hélas, l'espoir s'est révélé vain. Ce n'est qu'avec le triomphe du stalinisme que l'extrême gauche a trouvé des défenseurs contre le nouveau Robespierre de Moscou : parmi eux, Daniel Guérin dont *La Lutte des classes sous la première république* (1946), combinaison curieuse d'idées libertaires et trotskistes – non sans un soupçon d'emprunts à Rosa Luxemburg –, a ravivé l'argument qui voyait dans les sans-culottes des prolétaires combattant contre les bourgeois jacobins.

En fait, que Staline se soit ou non considéré lui-même comme un Robespierre n'a que peu d'importance. Dans la période de l'antifascisme, les communistes étrangers trouvèrent réconfortant de penser que les procès et les purges étaient justifiés par les circonstances, comme l'avait été la Terreur de 1793-1794[a]. Ce fut particulièrement le cas en France où l'idéalisation de Robespierre s'était développée jusqu'à dominer la tradition historique du jacobinisme, pour des raisons qui n'ont pas grand-chose à voir avec Marx ou Lénine. Il était assez facile pour les communistes français tels que Mathiez de voir Robespierre comme une « préfiguration de Staline[42] ». Peut-être que dans d'autres pays, où le mot « terreur » ne fait pas immédiatement référence à des épisodes de gloire nationale et de triomphe révolutionnaire, ce parallèle aurait été évité. Tout de même, il est difficile de ne pas être d'accord avec Isaac Deutscher quand il écrit que Staline appartenait « à la lignée des grands despotes révolutionnaires, du genre de Cromwell, Robespierre et Napoléon[43] ».

Cela dit, le débat sur le jacobinisme en lui-même n'était pas d'une grande portée. En fait, si un groupe devait incarner l'équivalent russe des jacobins en 1917, personne ne doutait qu'il s'agissait des bolcheviks. Le vrai problème était de savoir qui était le Bonaparte ou le Cromwell dont on pouvait présager, à l'aune des précédents historiques, qu'il se tenait quelque part en coulisses. Plus encore, on se demandait s'il y aurait un Thermidor et, le cas échéant, où il emmènerait la Russie.

Dès 1917, la première hypothèse était considérée comme une possibilité bien réelle. Alexandre Kerenski a été si totalement expulsé de l'histoire que je me souviens de ma propre surprise en apprenant l'identité du petit vieillard qu'on pouvait voir passer devant la bibliothèque Hoover à Stanford. On sentait pour une raison ou pour une autre qu'il aurait dû être mort depuis des années, alors qu'à l'époque il n'avait même pas quatre-vingts ans. Son heure de gloire n'a duré que de mars à novembre 1917, mais il fut une figure centrale de la période

---

a Giorgio AMENDOLA écrit en effet : « Je me retrouve maintenant à approuver sans réserve – et même avec enthousiasme – la vigueur et la sévérité de Staline à l'encontre des ennemis du socialisme et des agents de l'impérialisme. Confronté à la capitulation des démocraties occidentales, Staline a tenu compte de la vieille leçon de la Terreur jacobine, une violence implacable au nom de la défense de la patrie du socialisme. » (*Lettere a Milano. Ricordi e Documenti, 1939-1945*, Editori riuniti, Rome, 1974, p. 17-18, cité par Giuseppe BOFFA, *Il fenomeno Stalin nella storia del XXe secolo*, Laterza, Bari, 1982, p. 137.) Les documents publiés montrent qu'Amendola n'était ni partisan d'une ligne dure et sectaire ni partisan d'un loyalisme aveugle.

comme en témoignent les débats persistants, à l'époque et plus tard, sur son désir ou sa capacité à incarner un Bonaparte. Cela est devenu une part de l'héritage soviétique quand, des années plus tard, dans le cadre de la discussion générale sur la question du bonapartisme et de la Révolution russe, Trotski et M. N. Roy ont expliqué l'échec de Kerenski à endosser le rôle de Napoléon en soulignant que la révolution n'avait encore mis en place aucune base pour un tel régime[44]. Ces arguments s'appuient sur la tentative – brièvement victorieuse – du Gouvernement provisoire pour éliminer les bolcheviks à l'été 1917. Kerenski n'avait alors certainement pas à l'esprit un destin à la Bonaparte, mais plutôt l'ambition de raviver un autre aspect de la Révolution française, en lançant un appel de type jacobin pour une guerre de résistance patriotique contre l'Allemagne, qui maintiendrait la Russie dans la Grande Guerre. Les ennuis sont venus de l'opposition à la guerre de tous les vrais révolutionnaires – et pas seulement des bolcheviks –, qui savaient que les masses ne bougeraient que pour « le pain, la paix et la terre ». Kerenski a lancé son appel, jetant encore une fois l'armée russe dans une offensive à l'été 1917. Le plan a raté et étranglé le Gouvernement provisoire. Les paysans soldats ont refusé de se battre, sont rentrés chez eux et ont commencé à partager la terre. Ceux qui réussirent à relancer les Russes dans la bataille furent les bolcheviks : mais *après* la révolution d'Octobre et *après* s'être retirés du conflit mondial. Sur la question de la guerre, le parallèle entre les jacobins et les bolcheviks était évident. Chamberlin a fort justement noté, au milieu de la guerre civile russe, les similitudes entre le succès jacobin dans la constitution de formidables armées révolutionnaires sur les ruines de la vieille armée royale et « le contraste tout aussi frappant entre la foule impuissante sans défense et désordonnée qui a jeté les armes et refusé de combattre devant Brest-Litovsk et l'Armée rouge, résolue, efficace, qui a chassé les Tchécoslovaques de la Volga et les Français d'Ukraine[45] ».

Toujours est-il que le vrai débat à propos du bonapartisme et de Thermidor s'amorce *après* la révolution d'Octobre, et parmi les différentes branches du marxisme soviétique et non soviétique. Paradoxalement, on peut dire que ces débats ont prolongé la mémoire historique réelle et l'influence de la Révolution française, qui autrement, à l'exception bien sûr de sa perception en France, serait devenue un objet de musée sur la plupart des continents. Car après tout, 1917 est devenu le prototype de la grande révolution du XXe siècle, une réalité que les classes politiques contemporaines ont bien dû accepter. L'importance même de la Révolution russe et de ses répercussions internationales a éclipsé 1789, d'autant qu'il n'existait aucun précédent à sa principale innovation, à savoir un régime social-révolutionnaire qui est allé délibérément au-delà de la phase démocratique bourgeoise, *et qui s'est maintenu de façon permanente et s'est révélé capable d'en engendrer d'autres*. Le jacobinisme de l'an II, quel que soit son caractère social, fut un épisode temporaire. La Commune de Paris en 1871, qui est certes et de façon incontestable l'œuvre de la classe ouvrière, n'avait rien d'un régime et n'a duré que quelques semaines. Son potentiel de transformation socialiste ou postbourgeois repose entièrement sur l'hommage qu'en a écrit Marx dans un texte devenu fondamental pour Lénine comme pour Mao. Jusqu'en 1917, même Lénine, à l'image de la plupart des marxistes, n'attendait pas ou n'envisageait pas que le renversement du tsar puisse donner le signal de la transition directe et immédiate du régime autocratique au « pouvoir prolétarien ». Et pourtant, depuis 1917 et pour la majeure partie du XXe siècle, ce sont précisément de régimes postcapitalistes dont on a attendu qu'ils accouchent les révolutions. Et effectivement, dans le tiers monde, 1917 a largement recouvert 1789. En somme, ce qui a maintenu en vie la Révolution française en tant que point de repère politique, lui donnant ainsi un second souffle, fut sa place dans les débats internes de la Russie soviétique.

Ainsi « Thermidor » était l'expression qui venait naturellement à l'esprit pour décrire les développements caractérisés par un recul des positions radicales sur des positions modérées, mouvement considéré (à tort) par les révolutionnaires comme une trahison de la Révolution. Les mencheviks, qui avaient refusé dès le départ de suivre Lénine dans son projet de transformation de la révolution bourgeoise en révolution prolétarienne – à partir de l'idée, loin d'être déraisonnable, que la Russie n'était pas prête pour la construction du socialisme –, entrevoyaient Thermidor dès le départ (dans le cas de Martov, dès 1918). Tout le monde l'a spontanément reconnu quand le régime soviétique a initié la NEP (Nouvelle politique économique) en 1921, suscitant la satisfaction à des degrés divers du côté des critiques du régime et apparaissant comme un plus ou moins mauvais présage du côté des bolcheviks (pour qui Thermidor rimait avec contre-révolution [46]).

L'expression de « Thermidor » était volontiers brandie contre ceux qui, comme Boukharine, voyaient dans la NEP un possible progrès plutôt qu'un recul temporaire. À partir de 1925, Trotski et ses alliés ont commencé à l'utiliser face à la majorité du Parti comme une accusation générale synonyme de trahison, envenimant ainsi les relations déjà tendues entre les différentes factions. Bien que la pique de la « réaction thermidorienne » ait été initialement destinée à la perspective boukharinienne du développement socialiste, ratant sa cible une fois que Staline a décidé d'entrer dans la course à l'industrialisation ultrarapide et à la collectivisation en 1928, Trotski est revenu au cri de « Thermidor » dans les années 1930, alors que, il faut le reconnaître, son jugement politique était en pièces. D'une manière ou d'une autre, Thermidor est resté l'arme avec laquelle Trotski a assailli ses adversaires – parfois de façon suicidaire quand, aux moments cruciaux, il a considéré l'infortuné Boukharine comme un danger plus grand que Staline. Sans jamais abandonner la référence thermidorienne, il a rétrospectivement admis que lui et ses alliés avaient été aveuglés par l'analogie de 1794[a].

L'analogie thermidorienne, pour citer Deutscher, a engendré, au cours des luttes qui les opposèrent de la mort de Lénine au triomphe de Staline, « une fièvre et une passion indescriptibles dans toutes les factions[47] ». Deustcher, qui a magistralement rendu cette atmosphère dans sa biographie de Trotski, avance quelques explications à cet « extraordinaire déchaînement de passion que suscita ce souvenir historique très livresque[48] ». Entre 1921 et 1928, la Russie soviétique traversait visiblement une sorte de transition, un peu comme celle qu'avait vécue la Révolution française entre thermidor et brumaire. Considérée dans les années 1980 comme la légitimation historique des réformes engagées par Gorbatchev, la politique de transformation imaginée par Boukharine sur la base de la NEP n'était dans les années 1920 qu'une option politique pour les bolcheviks, option qui s'est finalement révélée perdante. En réalité, personne n'était en mesure de dire ce qui se passerait, ou ce qui devait se passer, le jour où

a « Néanmoins, on peut et on doit reconnaître maintenant que l'analogie de "Thermidor" a servi à obscurcir plutôt qu'à éclairer la question. » (Léon Trotski, *L'État ouvrier. Thermidor et bonapartisme*, Librairie du travail, Paris, 1936, p. 5. Le texte original date de 1935.)

des révolutionnaires se retrouveraient en position de contrôler leur révolution. Pour Deutscher, « il y avait des éléments incontrôlables dans une révolution [dont les acteurs] prenaient de plus en plus conscience mais confusément [49] » et sur lesquels je vais revenir brièvement.

Tandis que les années 1920 apparaissent aux observateurs soviétiques des années 1980 comme une brève période d'espoir économique et de vitalité culturelle avant l'« âge de fer » stalinien, pour les « vieux bolcheviks » la situation à l'époque frisait le cauchemar quand les choses familières deviennent étrangères et menaçantes : l'économie socialiste espérée s'est révélée être juste celle de la vieille Russie des *moujiks*, des petits marchands et des bureaucrates (moins l'aristocratie et la vieille bourgeoisie) ; le Parti, cette bande de copains dévoués à la révolution mondiale, est devenu un système de pouvoir, celui du parti unique, obscur et impénétrable même pour ceux qui le constituaient. En fait, écrit Christian Rakovsky, « le "bolchevik de 1917" était pratiquement incapable de se reconnaître dans le "bolchevik de 1928" [50] ».

Les combats pour l'avenir de l'Union soviétique, et peut-être pour le socialisme international, étaient tranchés par des petits groupes, des factions politiques, au milieu de l'indifférence massive d'une paysannerie ignorante et de la terrible apathie de la classe ouvrière au nom de laquelle les bolcheviks prétendaient agir. Pour le connaisseur de la Révolution française, c'est ici que se situe le parallèle le plus évident avec Thermidor. Selon Rakovsky, le tiers état s'était désagrégé une fois l'Ancien Régime vaincu [51]. L'assise sociale de la révolution s'était ainsi rétrécie, même pendant la période jacobine, et le pouvoir ne fut plus exercé que par un nombre de plus en plus restreint de personnes. En cette période de crise, marquée par la faim et la misère, les jacobins ne s'autorisèrent pas à confier le destin de la Révolution au suffrage populaire. Le gouvernement arbitraire et terroriste de Robespierre conduisit le peuple à l'indifférence politique et c'est cela qui permit aux thermidoriens de renverser son régime. Quel que soit le résultat des combats disputés par quelques poignées de bolcheviks sur le corps inerte des masses soviétiques – comme l'a écrit Rakovsky après la victoire de Staline –, la Russie d'en bas n'y pesait pour rien. Rakovsky aimait citer le Babeuf de la période thermidorienne : « Rééduquer le peuple dans l'amour de la liberté est plus difficile que de conquérir la liberté [52]. »

Logiquement, dans une telle situation, celui qui étudie la Révolution française devrait s'attendre à voir surgir un Bonaparte. Trotski finalement voyait Staline et le stalinisme sous cet angle, bien qu'initialement, une fois encore, sa proximité avec le précédent révolutionnaire français embrouillait son jugement et le conduisait à croire à la possibilité d'une répétition *littérale* du 18 Brumaire, c'est-à-dire un coup d'État de l'armée contre Staline [53]. Paradoxalement, l'accusation de bonapartisme était principalement utilisée par des opposants à Trotski en réplique aux accusations de thermidorisme. Après tout, Trotski avait été l'organisateur et le chef effectif de l'Armée rouge et était suffisamment instruit des précédents historiques pour démissionner de sa fonction de commissaire de guerre en 1925, afin de répondre aux accusations lui reprochant d'entretenir des ambitions bonapartistes [54]. La responsabilité de Staline dans ces mises en cause est probablement négligeable, ce qui n'empêche pas de supposer qu'il les a accueillies avec satisfaction et les a utilisées. On ne trouve pas de trace dans ses travaux et dans ses mémoires d'un intérêt particulier pour la Révolution française. Ses références historiques sont essentiellement puisées dans l'histoire russe.

La lutte des années 1920 en Union soviétique fut ainsi menée avec des accusations mutuelles prises dans l'histoire de la Révolution française. Cela constitue, incidemment, une mise en garde contre une tendance excessive à vouloir que l'histoire se répète. Tant qu'elles se résumaient à un échange d'insultes, les accusations de « thermidorisme » ou de « bonapartisme » n'avaient politiquement aucune importance. Tant que ceux qui les lançaient prenaient au sérieux les analogies avec 1789-1799, ils étaient bien plus souvent induits en erreur qu'éclairés par celles-ci. Cependant, elles suggéraient la profonde immersion des révolutionnaires russes dans l'histoire de leurs prédécesseurs. Ainsi, lorsqu'il présenta sa défense devant la Commission de contrôle en 1927, Trotski cita les mots prononcés par un jacobin insignifiant (Brival) à la Convention nationale, au lendemain de Thermidor – ce fut l'occasion d'une réminiscence prophétique de la Révolution à travers la mise en garde envers la « guillotine » qui allait fonctionner dans les années 1930 [55]. Mais ce qui frappe davantage, c'est que le premier homme à avoir fait publiquement le rapprochement entre la Russie post-Lénine et la France de Thermidor n'était pas un intellectuel mais le secrétaire de l'organisation du Parti à Leningrad en 1925, un ouvrier autodidacte, P. Zalutski [56].

Toutefois, entre l'accusation de thermidorisme et de bonapartisme, il existait une distinction importante : tout le monde s'opposait aux dictateurs militaires. S'il y avait un principe fondamental parmi les marxistes révolutionnaires – et sans aucun doute le souvenir de Napoléon y contribua –, c'était la nécessité de la suprématie absolue du pouvoir civil sur le pouvoir militaire, quand bien même celui-ci se disait révolutionnaire. Après tout, ce fut la raison de l'instauration des commissaires politiques. Au plus peut-on soutenir que Bonaparte n'a pas trahi la révolution mais l'a rendue irréversible en l'institutionnalisant dans son régime. Des communistes orthodoxes – Roy étaient l'un d'eux – observaient : « Si la révolution prolétarienne de ce siècle s'apprête à avoir son ère napoléonienne, ce doit être une phase nécessaire [57]. » Ce genre de sentiment était apologétique.

Plutôt que simple trahison de la Révolution ou moyen de l'amener à son terme, Thermidor peut aussi incarner un changement, une crise du temps court vers des transformations à plus long terme : à la fois recul depuis une position intenable et avancée vers une stratégie plus viable. Après tout, ceux qui ont renversé Robespierre le 9 thermidor an IV n'étaient pas des contre-révolutionnaires déclarés, mais bien ses propres camarades et collègues de la Convention et du Comité de Salut public. Dans l'histoire de la Révolution russe, il y a un moment évident où les bolcheviks ont été contraints de faire quelque chose de tout à fait semblable bien que n'ayant nécessité le sacrifice d'aucun de leurs leaders.

Le « communisme de guerre » par lequel le gouvernement soviétique a augmenté les ressources pour survivre à la guerre civile de 1918-1920 correspond aux politiques d'urgence de l'effort de guerre jacobin, tellement que, dans les deux cas, il se trouva des passionnés de la révolution pour voir dans l'austérité forcée de la période le premier épisode de leur utopie, définie selon les règles d'une vertu spartiate et égalitaire ou selon les principes marxistes. Dans les deux cas, la victoire a rendu les régimes d'exception intolérables et inutiles. Sous la pression conjuguée des révoltes des travailleurs et de la paysannerie, la Nouvelle politique économique (NEP) a dû être instituée en 1921. Bien qu'inévitable, c'était certainement un recul pour la révolution. Mais, on pourrait aussi le voir comme une transformation planifiée vers un mode de développement de la révolution nécessairement moins dramatique mais plus fermement ancré dans le long terme. Les points de vue de Lénine n'étaient pas tranchés, mais – toujours du fait de son suprême réalisme politique – il a soutenu de plus en plus le principe de réforme postrévolutionnaire et le gradualisme. On ne peut savoir ce qu'il avait vraiment à l'esprit, notamment au cours des deux dernières années de sa vie, alors qu'il lui était de plus en plus difficile d'écrire et à la fin même de parler, mais ce fut le sujet de nombreux débats [a]. Néanmoins, l'homme qui a écrit : « L'élément neuf dont notre révolution a besoin, c'est le recours à des méthodes réformistes graduelles et prudentes dans le domaine de la reconstruction économique » ne pensait pas dans les termes d'un drame soudain [58]. Il est également certain que Lénine n'avait aucunement l'intention d'abandonner la construction d'une société socialiste, même s'il écrivait dans son dernier article publié : « Nous ne sommes pas assez civilisés pour pouvoir passer directement au socialisme, encore que nous en ayons les prémisses politiques [59]. » Jusqu'à la fin de sa vie, il a cru au triomphe final du socialisme dans le monde.

Dans l'atmosphère qui régnait en Union soviétique sous Gorbatchev, il n'est pas étonnant qu'on ait attribué à Lénine une vision de Thermidor plus positive que la version initiale, jusque dans l'idée que l'un des principaux problèmes de la Révolution était d'assurer son « autothermidorisation [b] ». En l'absence de toute documentation, il convient d'être prudent. Dans l'usage qu'en faisaient les bolcheviks et plus généralement les milieux communistes internationaux, la connotation du mot « Thermidor » était tellement et uniformément négative qu'on ne peut qu'être surpris de trouver pareil terme chez Lénine...

---

a Je suis enclin à suivre Moshe Lewin (*Le Dernier Combat de Lénine*, Éditions de Minuit, Paris, 1967), qui pense que Lénine a encouragé des évolutions graduelles au cours de ses dernières années de vie. Quoi qu'il en soit et quelle que fût l'importance du sujet dans les années 1980 en Union soviétique, cette question est d'ordre spéculatif. Lénine a cessé toute activité effective en mars 1923. On ne peut guère qu'imaginer ce qu'il aurait pu penser ou faire s'il avait vécu assez longtemps pour juger la situation en 1927 ou 1937.

b La phrase m'a été rapportée par un spécialiste de l'histoire du bolchevisme, qui l'avait entendue à Moscou. La consultation de plusieurs spécialistes de l'histoire soviétique au Royaume-Uni, aux États-Unis ou en URSS n'a pas permis de déterminer la source possible de cette phrase parmi les écrits de Lénine non traduits ou parmi la littérature consacrée aux dernières années de sa vie.

mais sûrement moins que de le voir demander aux bolcheviks d'être réformistes ! Cela dit, même s'il ne l'a pas utilisée en son temps, la référence à l'« autothermidorisation » dans le Moscou des années 1988-1989 est une preuve de la force et de la persistance de la Révolution française comme référence pour sa descendante soviétique.

Au-delà de Thermidor et de Bonaparte, au-delà des jacobins et de la Terreur, la Révolution française implique d'autres rapprochements plus généraux avec la Révolution russe ou avec les grandes révolutions sociales postérieures. L'une des premières observations faites à propos de la Révolution française est qu'elle ne semblait pas vraiment relever d'une série de décisions planifiées ou d'actions maîtrisées, mais s'apparentait plutôt à un phénomène naturel qui n'était pas sous contrôle ou qui y avait échappé. Au cours du XXe siècle, d'autres processus historiques ont présenté cette caractéristique : les deux guerres mondiales par exemple. Ce qui arrive dans de tels cas – comment ces phénomènes se développent, quel est leur résultat – n'a pratiquement rien à voir avec les intentions de ceux qui avaient pris les décisions initiales. Ces développements connaissent leur propre dynamique, leur propre logique imprévisible. Dans les années 1790, les contre-révolutionnaires étaient probablement les premiers à attirer l'attention sur le caractère incontrôlable du processus révolutionnaire, dans la mesure où cela leur fournissait des arguments contre les partisans de la Révolution. Mais les révolutionnaires reprenaient cette argumentation de manière positive en faisant le parallèle avec les cataclysmes naturels. « La lave de la Révolution coule majestueusement, n'épargnant rien », écrivait à Paris, en octobre 1793, le jacobin allemand Georg Forster. « La Révolution, déclarait-il, a détruit tous les barrages, s'est élevée au-dessus de toutes les barrières que les meilleurs esprits ici et chez vous, dans votre système révolutionnaire, lui avaient assignées. » La révolution était simplement « un phénomène naturel trop rare pour que [l'on puisse] connaître ses lois particulières[60] ». Bien sûr, cette métaphore autorise les deux perspectives. Si elle suggère effectivement la catastrophe aux conservateurs, c'est un malheur que rien ne peut arrêter. Les conservateurs intelligents avaient rapidement compris qu'on ne pouvait tout simplement pas arrêter ce qui était en cours mais qu'il convenait au contraire de le canaliser et de l'apprivoiser.

Appliquée aux révolutions, la métaphore du phénomène naturel se retrouve à de multiples reprises. Je ne crois pas que Lénine ait eu connaissance des très nombreux passages de ce genre sur la Révolution française quand il a écrit, peu de temps après Octobre, à propos de la situation précédant la chute du tsar :

> « Nous savions que l'ancien pouvoir se trouvait sur un volcan. À beaucoup d'indices, nous devinions ce grand travail souterrain qui s'accomplissait dans les profondeurs de la conscience populaire. Nous sentions que l'air était chargé d'électricité. Nous savions qu'elle éclaterait inévitablement en un orage purificateur [61]. »

Quelle autre image viendrait si spontanément à l'esprit si ce n'est celle d'une éruption volcanique ou d'un ouragan ?

Mais pour les révolutionnaires, et plus encore pour un révolutionnaire aussi férocement réaliste que Lénine, les conséquences du caractère incontrôlable du phénomène, à l'image des catastrophes naturelles, étaient concrètes. Il se positionnait de fait à l'opposé des blanquistes ou de tous ceux qui entendaient faire la révolution par un coup d'État ou par un putsch, bien que ce soit pour cette raison que ses adversaires le critiquaient. Il se situait à l'opposé du pôle constitué par Fidel Castro et Che Guevara. À de nombreuses reprises, et particulièrement à compter de 1917, il a insisté sur le fait qu'« on ne peut ni fabriquer une révolution ni établir un ordre de succession ». « Les révolutions, écrivait-il, ne se font pas sur commande, elles croissent d'elles-mêmes [62]. » Ou encore : « Nous misons sur la nécessité inéluctable de la révolution internationale, mais cela ne signifie nullement que nous misions comme des benêts sur la nécessité inéluctable de la révolution à bref délai et à date *fixe*. [...] Nous savons que les révolutions ne se font ni sur commande ni après entente préalable [63] », et même : « On ne saurait établir un tour de rôle pour la révolution [64]. » Quand quelques bolcheviks étaient prêts à miser sur le déclenchement de la révolution en Europe occidentale, dont lui aussi se languissait, il répétait à volonté :

> « Tout cela nous ne le savons ni *ne pouvons le savoir. Personne ne peut le savoir* [...] Nous ne savons pas avec quelle rapidité en Occident la révolution suivra notre victoire. Nous ne savons pas s'il n'y aura pas encore des périodes de réaction et de victoire de la contre-révolution après notre victoire [65]. »

Le Parti devait être prêt à faire face à toutes les contingences afin d'être en mesure d'ajuster sa stratégie et sa tactique aux circonstances.

Mais n'y avait-il pas un risque à naviguer ainsi sur les mers et les courants agités de l'histoire ? Bientôt les révolutionnaires se retrouveraient emportés non seulement dans des directions inattendues et non désirées, mais surtout *très loin* de leur objectif initial. C'est seulement dans ce sens que l'on peut parler de ce que François Furet appelle le *dérapage*[a], non comme une déviation du véhicule, mais plutôt comme la découverte de la configuration du terrain historique, qui fait qu'en fonction de la situation, du lieu et des conditions selon lesquelles une révolution se produit, même le meilleur pilote ne peut maintenir la trajectoire dans la direction voulue. Cela fut, après tout, l'une des leçons de la Révolution française. Personne en 1789 n'aurait voulu la dictature jacobine, la Terreur, Thermidor ou Napoléon. Personne, des réformateurs les plus modérés aux agitateurs les plus radicaux, n'aurait pu se réjouir d'un seul de ces développements, à l'exception peut-être de Marat (de mauvais augure), dont les collègues révolutionnaires, malgré la merveilleuse peinture de David, n'ont jamais pleuré la perte. L'engagement de Lénine à prendre toutes les décisions, même les plus désagréables, afin de garantir la survie de la révolution, ainsi que son refus profond de laisser l'idéologie nuire à ce qui devait être fait n'ont-ils pas fait courir le risque de transformer la révolution en autre chose ?

Comme nous l'avons vu, cette peur a vaguement hanté les bolcheviks après la mort de Lénine. Pourtant, et c'est l'un des nombreux signes de sa grandeur, celui-ci s'était résolument préparé à cette possibilité avant qu'elle soit suggérée par Soukhanov dans ses mémoires. Il est significatif qu'en s'y confrontant Lénine soit retombé sur la Révolution française. Il citait souvent une maxime célèbre de Napoléon : « On s'engage et puis on voit. » On s'est engagé, racontait le révolutionnaire mourant en 1923, et l'on a découvert qu'il fallait faire des choses que l'on détestait et que l'on n'aurait pas faites volontiers – la paix à Brest-Litovsk, reculer et mettre en place la NEP, « et ainsi de suite[66] ». On ne peut pas vraiment lui reprocher de refuser d'expliciter cet « ainsi de suite » ou d'insister sur le fait que ces déviations et ces revers ont été des « détails du développement (du point de

---

a En français dans le texte.

vue de l'histoire mondiale ils l'étaient certainement[67]) ». On aurait difficilement pu attendre de lui qu'il n'exprime pas sa foi en la révolution et en ses perspectives à long terme – même si nous savons combien il avait conscience de l'ampleur des difficultés, combien les perspectives de progression étaient encore plus lointaines et combien les « limitations paysannes » étaient étroites et enfermaient le régime.

Mais la confiance de Lénine dans le futur de la Révolution russe reposait aussi sur l'histoire : la trajectoire de la Révolution française. En effet, comme nous l'avons vu, la principale leçon tirée par les observateurs du XIXe siècle était que la révolution n'était pas un événement mais un processus. Pour atteindre ce que Lénine et la plupart des marxistes considéraient comme le résultat logique, « classique », d'une révolution bourgeoise, c'est-à-dire une république démocratique parlementaire, il fallut près d'un siècle. 1789 n'est pas la Révolution, ni 1791 ou 1793-1794, ni le Directoire, ou Napoléon, ou la Restauration, ou 1830 ou 1848, ou encore le second Empire. Tous ces épisodes ont été des phases du processus complexe et contradictoire de création d'un cadre permanent pour une société bourgeoise en France. Pourquoi Lénine n'aurait-il pas pu supposer en 1923 que la Révolution russe serait, elle aussi, un long processus historique, avec ses zig-zags difficiles et ses revers ?

Impossible de dire à chaud comment, soixante-dix ans après, les observateurs soviétiques regardaient ce processus. Sur le moment, il semblait trop tôt pour analyser historiquement le détail de la Babel de voix discordantes qui, pour la première fois depuis la révolution, pouvaient tenter de se faire entendre dans ce pays. Une chose était claire cependant : l'analogie avec la France révolutionnaire était toujours vivante. Au regard de l'histoire de l'Union soviétique, on pourrait difficilement s'attendre à ce qu'elle ne le soit pas. L'histoire de la Révolution française elle-même est en cours de relecture. Il est probable que Robespierre devienne un héros moins positif dans l'historiographie russe qu'il ne le fut par le passé. Mais, pendant le bicentenaire de la Révolution française, un autre parallèle a frappé les intellectuels de la Russie de Gorbatchev quand s'est ouvert le premier Congrès des députés du peuple régulièrement élu. On s'est souvenu de la convocation des États généraux et de leur transformation en Assemblée nationale dans le but de réformer le royaume de France. Cette analogie n'est pas plus réaliste que d'autres tentatives pour voir la marque d'un événement historique dans un autre. Elle se prête aussi à différentes lectures ou orientations en fonction du positionnement politique de celui qui la relève. Inutile d'être d'accord avec la version d'un réformateur démocrate qui, au milieu de l'année 1989, après que son camp fut battu au Congrès de Moscou, écrivait : « Aujourd'hui, alors que les événements français d'il y a deux siècles sont dans nos têtes [Gorbatchev avait déclaré que la *perestroika* était une révolution], j'aimerais rappeler que le tiers état constituait aussi un tiers des députés, mais que c'est ce tiers qui est devenu l'authentique Assemblée nationale [68]. » Néanmoins, on ne pouvait trouver plus bel hommage à la survivance de la signification politique de la révolution de 1789 que le fait qu'elle incarnât toujours un modèle et une référence pour ceux qui souhaitaient transformer le système soviétique. En 1989, 1789 restait, ou était redevenu, plus pertinent que 1917, même au pays de la grande révolution d'Octobre.

3

D'un centenaire à l'autre

Dans le premier chapitre de ce livre nous nous sommes attachés à examiner ce que la bourgeoisie libérale du XIXe siècle avait fait de la Révolution française. Dans le second nous nous sommes intéressés à ceux qui avaient craint, désiré ou même fait une révolution dont les objectifs se situaient au-delà de l'expérience jacobine et, ce faisant, avaient assimilé l'expérience des années écoulées depuis 1789. Répétera-t-on jamais assez que le libéralisme et la révolution sociale, la bourgeoisie et – du moins potentiellement – le prolétariat, la démocratie (quelles que soient ses formes) et la dictature trouvent leurs origines dans la décennie extraordinaire qui commença avec la convocation des États généraux, la prise de la Bastille et la Déclaration des droits de l'homme et du citoyen ?

À l'exception des conservateurs, tout le monde pourrait se tourner vers un moment de la Révolution française ou bien interpréter son histoire d'une façon qui se prête à sa cause. Comme chacun sait, la politique française se joue toujours comme une pièce en costume et bonnet phrygien. Les libéraux modérés se reconnaissaient à leurs héros, Mirabeau ou les girondins, à propos desquels Alphonse de Lamartine (1790-1869), politicien et poète romantique au style plutôt plat, publia une histoire en plusieurs volumes à la veille de la révolution de 1848 dans le but de décourager d'éventuels excès de jacobinisme. Quand la révolution éclata, Lamartine fit de son mieux pour écarter les éléments les plus radicaux puis pour les éliminer. La majorité des républicains, suivant en cela Michelet et Auguste Comte, avaient choisi Danton. Les républicains de gauche, partisans de la politique insurrectionnelle penchaient eux pour Marat et de plus en plus pour Robespierre, à l'exception des athéistes passionnés qui ne pouvaient avaler sa défense de l'Être suprême. On a dit que l'identification des grandes figures de la Révolution avec des positions politiques tardives et conflictuelles a rendu impossible en France le développement d'un culte des pères fondateurs comme ce fut le cas aux États-Unis. Autant que je sache, aucun révolutionnaire n'a jamais eu l'honneur de figurer sur un timbre poste jusqu'à présent [1].

Pour les bolcheviks, ces différences n'avaient pas tant d'importance dans la mesure où les figures en question étaient suffisamment révolutionnaires. Elles ne devaient même pas être forcément des ancêtres du socialisme. Quand ils sont arrivés au pouvoir en Russie, Lénine a jugé important d'éduquer à la politique une population largement illettrée. Il a ainsi proposé, en 1918, d'ériger des monuments en hommage aux différents personnages qui avaient bien mérité de la révolution, accompagnés de courtes notices biographiques et installés de façon à être remarqués par le plus grand nombre, notamment là où les soldats pourraient les voir. La liste comprenait naturellement des socialistes et des communistes – Marx, Engels, Lassalle –, des radicaux russes et des précurseurs – Radichtchev, Herzen, Perovskaia –, des libérateurs tous usages comme Garibaldi et des poètes progressistes. Parmi les figures de la Révolution française, dont il était prévu qu'elles soient particulièrement mises en valeur, on trouve à la fois Robespierre et Danton, tous deux pourtant non socialistes, mais à ma connaissance, pas Babeuf. Au regard des intentions de Lénine, le positionnement idéologique des révolutionnaires sélectionnés avait moins d'importance que leur image de héros victorieux, même si la victoire avait été éphémère. Néanmoins, cette commémoration des ancêtres révolutionnaires français par la révolution d'Octobre ne fut qu'un bref épisode. La plupart des monuments ont disparu depuis. Pour ne pas perdre de temps, les artistes étaient autorisés à réaliser leurs sculptures en plâtre ou en terre cuite, jusqu'à ce qu'il soit possible de faire des bronzes ou des marbres. Quoi qu'il en soit, les restes d'une œuvre créée en 1920 à la mémoire de Robespierre par l'auteur des divers monuments à Robespierre, Danton et Herzen à Leningrad, sont encore visibles et suggèrent ce qui a disparu [2]. Soit dit en passant, par la suite, la Révolution française ne semble pas avoir joué un rôle important dans l'iconographie ou dans la toponymie de la Russie soviétique.

En somme, tout le monde avait sa propre image de cette révolution fondatrice et ce que l'on y célébrait ou ce que l'on en condamnait n'avait pas grand-chose à voir avec la situation politique ou l'idéologie de 1789, mais était en lien direct avec le lieu et l'époque d'où s'exprimait le commentateur. La réfraction de la Révolution dans le prisme de la politique contemporaine est le sujet de ce chapitre. Il s'agit, comme nous allons le voir, d'une question centrale dans les débats et les polémiques qui ont jalonné le bicentenaire de 1989 et même le centenaire célébré en 1889.

Il ne fait de doute pour personne que le centenaire de 1889 fut un événement extrêmement politique, aussi bien en France qu'à l'étranger. Les ambassadeurs de Russie, d'Italie, d'Autriche-Hongrie, d'Allemagne et de Grande-Bretagne – en fait, toutes les grandes puissances moins la France – refusèrent ostensiblement d'assister à la célébration de l'anniversaire de la réunion des États généraux (choisie pour marquer le début de la Révolution) ; *Le Temps* soulignait amèrement qu'à l'occasion du premier anniversaire de la prise de la Bastille en 1790, les diplomates de ces pays étaient en revanche tous présents. Pour le *Times* de Londres, les ambassadeurs avaient fait le bon choix. « Malheureusement, pensait-on, au lieu de permettre des réformes, la Révolution qui avait pourtant commencé sous de si bons auspices, avait fini sous le règne de la terreur, des confiscations, de la proscription, et par la décapitation du roi et de la reine. » D'autres nations, « ayant progressivement adopté les réformes introduites par la Révolution », ne refusaient pas de célébrer le centenaire, du moins leurs diplomates n'avaient-ils pas tous été rappelés, mais, en tant que représentants de leurs monarques respectifs, ils pouvaient difficilement par leur présence exprimer leur approbation au régime jacobin [3]. En outre, la République française avait décidé de célébrer le centenaire de l'événement fondateur en grande pompe, dans le cadre de l'exposition universelle, manifestation organisée plus régulièrement à cette époque et qui devait, cette année-là, marquer les esprits par son attraction centrale, la tour Eiffel (tout juste achevée et qui demeure le monument français le plus connu au monde). Une pression importante pesait donc sur les épaules des Français et comme le rapportait le *Times* avec satisfaction, « petit à petit, sous l'influence du bon sens en France et à l'étranger (en fait la menace du boycott), l'exposition a finalement abandonné son lien intime avec la Révolution », de telle sorte que son inauguration ne faisait plus partie du programme des célébrations officielles du centenaire [4].

Naturellement, dans certains pays, le centenaire n'était pas aussi controversé, la ville de New York, par exemple, décora ses statues pour célébrer l'anniversaire de la prise de la Bastille [5]. Une république née d'une révolution et liée à la Révolution française *via* La Fayette et Tom Paine ne trouvait rien à redire au moindre épisode de cette histoire. Néanmoins, le jeune Woodrow Wilson, futur président des États-Unis qui enseignait alors l'histoire à Bryn Mawr, considérait le jacobinisme comme le pire exemple à mettre sous les yeux de quiconque et notamment ceux des peuples latino-américains. Cela dit, en dehors de la sphère occidentale, les monarchies étaient encore la forme de gouvernement quasi universelle, et, ne serait-ce que pour cette raison, les chefs d'État étaient peu enclins à célébrer un régicide.

Cependant, le principal débat soulevé par le centenaire ne porta pas sur la monarchie mais sur la démocratie. Celle-ci n'était-elle pas un moindre mal, plutôt que la Terreur ou la proscription (c'est-à-dire la persécution des opposants), ou même le plus terrible cauchemar de la société bourgeoise du XIXe siècle : la confiscation de la propriété privée ? La France avait finalement décidé d'être une république démocratique dans les années 1870. En faisant du 14 juillet la fête nationale et en choisissant pour hymne *La Marseillaise*, ses dirigeants avaient délibérément choisi de se définir comme les héritiers de la Révolution et, malgré une certaine répugnance à rappeler Robespierre – dont peu de rues en France reprenaient le nom –, la République n'avait pas répudié l'héritage jacobin. Elle avait même élu en 1887 un président portant le nom d'un grand jacobin, Sadi Carnot, petit-fils de Lazare Carnot – le Trotski des armées révolutionnaires –, alors que la mise en œuvre de la suprématie militaire française par les jacobins était l'aspect le moins controversé du régime. Sur cela, la gauche et le centre pouvaient s'entendre. C'est pourquoi les grandes figures de l'an II, dont les cendres furent placées au Panthéon en 1889, à l'occasion de l'anniversaire de l'abolition de la féodalité, étaient trois militaires, Carnot, Hoche et Marceau [6]. Même si le centenaire officiel évitait soigneusement de rappeler les dates les plus controversées après la proclamation de la République, le 21 septembre 1792, et se concentrait – comme l'a fait le bicentenaire – sur les trois premiers mois de la Révolution, il n'en a rien rejeté. Le seul geste historiographique de la République en 1889 fut de voter des crédits pour la publication de l'*Histoire de la Révolution française* de Michelet, à l'accent pourtant jacobin. La municipalité de Paris – à l'époque plus radicale ! – alla plus loin : elle érigea en l'honneur de Danton une statue que l'on peut toujours apercevoir à la station de métro Odéon, sur le site de la maison où il fut arrêté en 1794.

Le jacobinisme était la partie délicate de la Révolution et, en 1889, il était synonyme de démocratie. Malgré la volonté des socialistes et des autres mouvements révolutionnaires et bien que l'on ait fondé la Seconde Internationale à Paris en 1889 – les délégués présents étaient bien évidemment conscients de la portée symbolique de la date et du lieu –, le socialisme n'était pas, sauf en Allemagne, une force politique majeure dans la première moitié de l'année 1889. Il allait le devenir, mais pas avant la fin du centenaire. En 1889, les observateurs étaient donc préoccupés essentiellement par la démocratie.

Car il y a une grande différence entre le premier et le second centenaire. Malgré le débat sur la démocratie, personne de la gauche libérale ne voyait la Révolution autrement que comme un événement historique majeur, porteur de transformations capitales jugées globalement positives. « Les principes de la Révolution française, notait un auteur dans la *Contemporary Review*, sont devenus la propriété commune du monde civilisé. » Le fait qu'il écrive, en se souvenant de la Glorieuse Révolution de 1688, que ces principes « recouverts de formes historiques étaient anglais bien avant d'être français », prouve simplement qu'il les approuvait [7]. Pour l'historien et catholique libéral Lord Acton, la Révolution, sujet d'un enseignement qu'il dispensa à Cambridge dans les années 1890, avait marqué « un immense pas en avant dans la marche du genre humain, une chose à laquelle nous sommes chaque jour redevables pour certains bénéfices politiques dont nous jouissons [8] ». Le libéral Anatole Leroy-Beaulieu, un homme intelligent et soucieux de pluralité, avait créé un banquet du centenaire imaginaire, au cours duquel de nombreux étrangers se relayaient pour donner leur opinion – généralement critique – à propos de la Révolution. Le plus surprenant est la part importante que ces participants déclaraient accepter de l'histoire révolutionnaire [9]. L'invité américain proclamait naturellement que s'il revenait à un peuple d'avoir inventé la Liberté, ce serait au sien et non au français. L'invité anglais, un baron libéral unioniste d'une famille whig, revendiquait évidemment la même chose. L'Allemand, tout en se félicitant que son pays eût évité une révolution avec l'échec de la guerre des Paysans au XVIe siècle, saluait tout de même le rôle de la Révolution française dans le développement national germanique. Si elle fut universellement saluée par les grands esprits allemands, ajoutait-il, c'est qu'ils étaient déjà imprégnés des principes dont ils pensaient avoir vu les Français se saisir. L'Italien reconnaissait la contribution de la Révolution au *risorgimento* et à la reconstitution des nationalités modernes, mais constatait, bien sûr, que ses bons et ses mauvais éléments étaient déjà présents dans la tradition italienne. L'invité grec se référait à l'évidence à la tradition classique, tout en rendant hommage à la Révolution pour avoir réveillé son pays. Et ainsi de suite. En somme, les critiques des invités de Leroy-Beaulieu – il semble évident qu'il ne les a pas inventées – témoignent de l'acceptation générale, au moins en Occident, des principes de la Révolution.

En revanche, certains pensaient que la Révolution était un désastre – « la catastrophe de 1789 suivie par une centaine d'années de révolutions » selon l'*Edinburgh Review* – à cause du rôle joué par le peuple qu'ils identifiaient au jacobinisme [10]. Certes, il y avait bien les références obligatoires à la Terreur, mais comme l'écrivait Henry Reeve, un vieil ami anglais de Guizot, de Thiers et de Tocqueville, dans son compte rendu du livre passionnément antirévolutionnaire d'Hyppolite Taine, *Les Origines de la France contemporaine*, l'ennemi véritable résidait dans « le principe que la volonté populaire est au-dessus de toute personne et institution [11] ». En effet, pensait Reeve, si ce principe était accepté, cela signifiait qu'« il y [avait] une fin, non seulement à ce qu'on appelle les barrières constitutionnelles, mais aussi aux bases de la société civile et aux lois fondamentales de la moralité [12] ». Et vraiment, comme le soulignait un autre chroniqueur du livre, la leçon politique centrale de Taine était de se méfier des principes démocratiques de gouvernement. Bien qu'on puisse supposer que le mot « anarchie », qui venait facilement à la bouche des écrivains antijacobins, renvoyait au carnage et au non-respect des lois, ils avaient en réalité quelque chose de moins dramatique en tête. L'*Edinburgh Review* parlait d'une descente progressive, au cours des cent dernières années, « vers une situation d'anarchie » qui, en France, « [menaçait] l'existence même de la nation [13] ». À l'évidence, il ne s'agissait pas de laisser penser que Paris, et encore moins la Bourgogne, se rapprochaient en 1889 de ce qu'est aujourd'hui le Bronx, même si l'auteur croyait, sans en donner la preuve, que l'anticléricalisme du gouvernement signifiait « un grand relâchement de la morale et une montée du crime [14] ». Ce qu'il voulait dire tient en une phrase : un siècle de révolution avait donné à la France, pour citer Goldwin Smith, « le suffrage universel sans l'intelligence ». Smith voyait pour cette raison la Révolution comme « la plus grande calamité advenue à l'espèce humaine [15] ». Le suffrage universel, écrivait l'*Edinburgh Review*, « a progressivement sapé l'autorité des classes éclairées ». Bien inutilement, car – comme l'écrivait encore Smith – « ce que la plupart d'entre nous désirent ce n'est pas un vote [...] mais un gouvernement fort, stable, éclairé et responsable [16] ». La Révolution – ici, je pense à Burke – avait radicalement rompu avec la tradition et ainsi fait sauter les garde-fous contre l'anarchie [17].

La touche d'hystérie qui caractérise ces attaques peut nous sembler exagérée, dans la mesure où même les antijacobins les plus hargneux ne niaient pas que la Révolution a pu apporter quelque bienfait au pays – différant en ce sens des antijacobins de 1989. Elle a « considérablement augmenté la richesse du pays [18] ». Elle a donné à la France un corps solide de paysans propriétaires, toujours considéré au XIXe siècle comme un élément majeur de stabilité politique [19]. En analysant les textes antirévolutionnaires d'alors, on s'aperçoit que le pire qu'ils trouvaient à dénoncer concerne l'instabilité politique chronique de la France depuis la Révolution – aucun régime n'a duré plus de vingt ans, treize constitutions différentes se sont succédé en moins d'un siècle, etc. [20]. Rendons-leur justice, l'année même du centenaire, la république se trouvait au cœur d'une crise sérieuse avec le mouvement du général Boulanger, dont le profil fait immanquablement penser à ces militaires qui, par le passé, avaient mis un terme aux républiques instables. Cependant, quoi que l'on pense de la politique française dans les années 1880 et 1890, il semble assez absurde de parler de la France en termes apocalyptiques en 1889. C'était pourtant bien le même pays que *The Spectator*, rendant compte d'un autre livre sur la Révolution française, pouvait décrire vingt ans plus tard – alors que les affaires Boulanger, Panama et Dreyfus étaient encore présentes dans les esprits – comme « le plus solide, le plus stable et le plus civilisé du continent [21] ».

Ce n'est donc pas l'état dans lequel un siècle de révolution avait conduit la France qui suscitait ces discours passionnés et horrifiés, mais le fait que les politiques démocratiques avec leurs effets induits étaient en train de se propager à tous les pays bourgeois, annonçant irrésistiblement l'arrivée – tôt ou tard – du « suffrage universel sans l'intelligence ». Sous la plume de G. Smith « le jacobinisme [était] un mal désormais aussi établi que la petite vérole, tant, écrivait-il, l'infection [commençait] à passer la Manche [22] ». À cette époque et pour la première fois, la démocratie représentative fondée sur un corps électoral élargi devenait partie intégrante de la politique de ces pays que l'on voit aujourd'hui comme les plus authentiquement démocratiques, au moment où la forme de constitutionnalisme libéral que les bourgeois comme Guizot avaient imaginée comme une *barrière* à la démocratie, un système qui *par principe* excluait du vote les pauvres et les ignorants (sans même parler des femmes) n'était plus tenable politiquement. On n'imagine pas à quel point les classes dirigeantes étaient inquiètes des conséquences du suffrage démocratique. Elles regardaient les États-Unis, comme Tocqueville l'avait fait, mais, à la différence de celui-ci, voyaient surtout que l'argent pouvait acheter le meilleur Congrès ou le meilleur conseil municipal grâce à la corruption, les pots-de-vin, la démagogie et de puissantes machines politiques – dans le contexte d'années 1880 lourdes de mécontentement social et d'agitation. Observant la France, elles voyaient, dans l'ombre de Robespierre, la corruption, l'instabilité, les démagogues, bien qu'il n'y eût pas d'appareils politiques. En somme, elles voyaient la crise des États et des politiques que l'on avait connus jusque-là. Il n'est pas surprenant que le centenaire de la Révolution les ait remplies de mauvais présages.

Mais, si nous laissons de côté les réactionnaires authentiques comme l'Église catholique du Syllabe de 1864 et du concile Vatican I, qui rejetait à peu près tout ce que pouvait incarner le misérable XIXe siècle, la Révolution française n'a pas suscité de rejets aussi épidermiques que ceux évoqués ci-dessus. Le livre de Taine, *Les Origines de la*

France contemporaine, était généralement considéré, du moins dans le monde anglo-saxon, comme livrant un point de vue excessif, même par ceux qui sympathisaient avec son antijacobinisme. Ses commentateurs posaient des questions pertinentes. Comment Taine n'a-t-il pas perçu qu'en 1789 il ne semblait pas aussi évident aux Français qu'une évolution vers des institutions libérales était possible sans profonde révolution [23] ? Que la clé de la situation se trouvait dans le fait que même les modérés ne pouvaient plus avoir confiance dans le roi ? Si chacun était tellement attaché à la monarchie, pourquoi la France, qui n'était pas républicaine en 1788, n'est-elle jamais redevenue royaliste [24] ? Taine n'a pas pris en compte le dilemme auquel chaque parti arrivant au pouvoir s'est trouvé confronté : « La nécessité de compter sur le soutien de la foule parisienne, qui impliquait une part de connivence avec les outrages et les crimes, rendait impossible l'établissement d'institutions libres en France. La répression des masses populaires parisiennes aurait entraîné la réaction et sans doute la restauration du despotisme [25]. » En fait, malgré le respect dû aux qualités intellectuelles remarquables de son auteur, le livre de Taine était plutôt jugé comme un travail de propagande avant d'être un ouvrage scientifique. Ce livre regorgeait de l'amertume du conservateur, jugea *The Spectator*. Il « manque d'objectivité scientifique, de largeur de vue et de perspicacité », estima *The Nation*. Généralement les travaux des grands intellectuels français étaient accueillis à l'étranger avec un respect beaucoup plus grand [26].

Quittons maintenant le centenaire pour examiner le contexte de la commémoration du bicentenaire. Première chose à noter, nous connaissons désormais l'histoire de la Révolution incomparablement mieux qu'en 1889. L'une des conséquences principales, non tant du centenaire que de l'adoption par le gouvernement de la IIIe République de la Révolution comme son événement fondateur, fut le développement soudain de l'historiographie révolutionnaire. Dans les années 1880, la France n'a pas seulement créé un musée de la Révolution – le musée Carnavalet à Paris –, mais elle a aussi ouvert un cours d'histoire en 1885 et une chaire spécialisée en Sorbonne en 1891. La chose était tellement neuve que le premier occupant de celle-ci, celui qui fut donc la première « incarnation académique » de la Révolution, n'était même pas un historien de formation. Alphonse Aulard (1849-1928), qui avait étudié la littérature italienne, était un spécialiste du grand poète romantique Leopardi. Il devint historien de la Révolution parce qu'il était un républicain engagé.

Il faut donc se souvenir qu'à l'horizon du centenaire de 1889, l'historiographie de la Révolution n'en était encore qu'à ses débuts. Lord Acton, qui connaissait la production internationale sur le sujet mieux que personne, ne retenait que trois noms dignes de figurer dans ses cours de 1895 au titre d'« historiens modernes » : Hippolyte Taine, Heinrich von Sybel et Georges Sorel, les deux derniers ayant écrit principalement sur les aspects internationaux de la Révolution [27]. Mais les choses étaient en train de changer. À partir de 1914, les futurs successeurs d'Aulard à la chaire en Sorbonne étaient déjà adultes et, jusqu'à la fin des années 1950, l'histoire de la Révolution fut dominée par la génération venue à maturité dans les années 1900 : Albert Mathiez et Georges Lefebvre (nés en 1874), Philippe Sagnac (né en 1868) et Pierre Caron (né en 1875). À l'exception de Lefebvre, longtemps enseignant dans les lycées de province, la nouvelle génération avait déjà beaucoup publié et ses travaux étaient reconnus – Lefebvre, qui n'avait à son actif qu'une monographie, était sur le point de finir sa grande thèse consacrée aux paysans du Nord pendant la Révolution, publiée en 1924.

Contrairement à ce qui est souvent affirmé aujourd'hui, aucun de ces historiens n'était marxiste. Même les historiens russes, précurseurs de l'étude de la question agraire en France pendant la Révolution, et qui ont inspiré Lefebvre, ne l'étaient pas. Luchitskii (1845-1918) et Kareiev (1850-1931) étaient des libéraux, malgré les attaches populistes de ce dernier. Mathiez se disait socialiste, mais ses contemporains s'accordent pour dire qu'il était au fond un homme de 1793 [28]. Lefebvre, un socialiste originaire du nord industriel de la France, était plus profondément imprégné des idées du mouvement ouvrier et certainement impressionné par la conception matérialiste de l'histoire de Marx, mais son véritable maître était Jaurès, qui avait marié un peu de Marx – trop peu et mal compris auraient pu dire les marxistes de l'époque – à beaucoup de Michelet. Les historiens de la Révolution française étaient des républicains et des démocrates, passionnés par les convictions jacobines, ce qui les poussait automatiquement vers la gauche du champ politique. N'était-ce pas Aulard lui-même, pourtant loin d'être un extrémiste, qui pensait que la Révolution française menait logiquement au socialisme, tout en expliquant qu'une minorité de Français seulement l'avait compris[29] ? Si le sens du mot « socialisme » tel qu'utilisé par Aulard ou par ceux qui se définissaient comme socialistes en France au tournant du siècle n'est pas complètement clair, il situait incontestablement celui qui l'utilisait du côté du progrès, du peuple et de la gauche. Il n'est pas anodin que tant des contributeurs de l'historiographie classique de la Révolution soient venus de ce « temple de la République » sans ennemi à gauche et bastion dreyfusard qu'était l'École normale supérieure de la rue d'Ulm : Aulard, Sagnac, Mathiez, Jean Jaurès – mais également Taine une génération plus tôt.

Tentons maintenant d'examiner rapidement et forcément de manière subjective la production quantitative de l'historiographie de la Révolution française depuis le premier centenaire[a]. Le British Museum (British Library) a enregistré en moyenne plus de 150 nouveaux titres tous les cinq ans entre 1881 et 1900, plus de 250 entre 1901 et 1905, plus de 330 entre 1906 et 1910 et un record inégalé de 450 titres entre 1911 et 1915[b]. Aux lendemains de la Première Guerre, le rythme se stabilisa à 150-175 titres tous les cinq ans, tandis que la seconde moitié des années 1930 – la période du Front populaire – connut une croissance notable à 225 titres, qui n'est pas reflétée par les chroniques du *Times Literary Supplement* (*TLS*), à la différence du *boom* qui avait précédé 1914. Après un redémarrage modeste dans l'immédiat après-guerre, les années 1960-1970 ont enregistré un décollage frappant : près de 300 titres dans la seconde moitié des années 1960. Cette tendance est nettement prise en compte par le *TLS* dans les années 1970. Quant aux années 1980, elles ne pouvaient qu'être particulièrement prolifiques, dépassant le *boom* d'avant 1914,

---

a Ces relevés s'appuient principalement sur l'index des livres ayant fait l'objet de recensions depuis 1902 dans le *Times Literary Supplement*, sur les index par sujet du British Museum (désormais British Library) depuis 1881 et sur les index des bibliothèques de recherche dans la région de Los Angeles.

b Dans cet index, la période 1881-1900 est réunie dans un volume, puis les volumes se suivent correspondant à des périodes de cinq ans. Je n'ai pas cru utile d'analyser le premier volume dans le détail. Mon estimation est fondée sur un décompte rapide des ouvrages rassemblés au chapitre « France, History, Revolution, Consulate and Empire 1789-1815 », en considérant que chaque colonne regroupe vingt-cinq titres avant 1950 et vingt après. Les études renvoyant à Napoléon ou à l'histoire militaire – constituant généralement le plus gros de la liste – ont été exclues dans la mesure où l'on peut considérer qu'elles s'adressent à un lectorat différent.

comme conséquence naturelle du bicentenaire, mais aussi du fonctionnement des médias modernes et de la publicité éditoriale.

Cependant, en admettant que la quantité indique le niveau général d'intérêt pour la Révolution, elle ne nous dit pas grand-chose en elle-même sur la nature de la production. Un coup d'œil à la partie biographique de cette littérature peut donc aider. Avant la Première Guerre mondiale, elle fut dominée par les travaux sur la famille royale – Marie-Antoinette et les autres –, qui remplirent des colonnes de bibliographie et, on peut le supposer, s'adressaient surtout à des lecteurs conservateurs, voire contre-révolutionnaires. Depuis, cette branche de l'historiographie s'est quelque peu épuisée jusqu'à devenir aujourd'hui insignifiante [a]. Du côté des études consacrées aux personnalités révolutionnaires, aux leaders et à leurs travaux, les auteurs sont issus d'horizons politiques divers et les ouvrages proposés se positionnent à différents niveaux de sérieux, du divertissement de salon à la recherche académique de haut niveau. Les variations d'intérêt pour un personnage particulier peuvent être instructives. Ainsi, le plus modéré des grands personnages de la Révolution, Mirabeau, a manifestement connu un pic avant 1914, après quoi la curiosité des lecteurs est brusquement retombée. Mis à part un sursaut dans les années 1960 et encore un autre au cours des années 1980, il n'a guère suscité d'intérêt après la Seconde Guerre mondiale – même si l'on s'attendrait à ce qu'un homme qui, au-delà de son rôle dans la Révolution, fut un grand économiste, sans parler de son goût pour la pornographie, attire les auteurs [b]. Le centriste Danton, moins éminent, connut son heure de gloire dans les années 1920, et eut quelques bons chiffres dans les années 1900 et 1930, ainsi qu'autour du centenaire (comme on l'a vu). Quant à Robespierre, il n'était pas particulièrement en vue avant le début du XXᵉ siècle. Jusqu'au milieu des années 1900, il était considéré à l'image de Marat comme un représentant du jacobinisme

---

a Ndt. Rien ne pouvait laisser présager le regain d'intérêt enregistré depuis pour Marie-Antoinette, dans la lignée du film du même nom de Sofia Coppola (2006), dans le cadre d'une historiographie attachée à réhabiliter la mère et la femme au détriment du rôle politique de la reine.

b Au British Museum, on comptera onze titres se référant à Mirabeau de 1881 à 1900 (toutes langues confondues), soit un livre par an, quatorze titres de 1901 à 1910, soit 1,4 livre par an. Dans l'entre-deux-guerres sont recensés neuf titres, soit moins d'un livre tous les deux ans.

radical. Cependant, il a depuis attiré bien plus l'attention qu'aucun autre leader de la Révolution – bien qu'une partie des travaux concernés soit moins strictement biographique que de réflexion sur son rôle dans la république jacobine. Quoi qu'il en soit, les périodes de pointe pour ce personnage sont, peut-être sans surprise, la seconde moitié des années 1930 (Front populaire), les années 1960 et 1970. À l'extrême gauche, Saint-Just a progressivement supplanté Marat, bien qu'un certain intérêt pour le rédacteur de *L'Ami du peuple* semble s'être maintenu depuis la révolution d'Octobre en Union soviétique [a]. À part l'édition des écrits de Saint-Just par Vellay en 1908, la British Library n'enregistre aucun travail sur lui avant la Première Guerre mondiale (alors qu'elle recense onze titres sur Marat). L'intérêt pour le jeune révolutionnaire – qui ne trouve plus à se refléter dans les catalogues de la British Library – devient notable dans les années 1930 et – comme on peut s'y attendre pour un personnage qui, à la différence de Marat, plaît surtout aux intellectuels – ne s'élève que modestement dans les années 1970 et 1980. À l'extrême gauche encore, Babeuf, le « premier communiste », n'est mentionné nulle part avant la Première Guerre mondiale et fait une percée dans les années 1930. Les années 1960, qui coïncident avec le bicentenaire de sa naissance, constituent avec les années 1970 la période la plus importante de production sur sa personne. L'intérêt pour la gauche révolutionnaire a donc culminé à deux reprises, au cours des années 1930 puis dans les années 1960 et 1970. Dans les deux cas, ces périodes se sont caractérisées par un parti communiste fort et une radicalisation plus générale de la société. C'est par opposition à ces moments qu'il faut situer la réaction, qui fut politique plus qu'historiographique après 1940 (le *Quatre-Vingt-Neuf* de Georges Lefebvre, jugé subversif, fut confisqué par Vichy), mais qui est devenue à la fois politique et historiographique aujourd'hui [30].

Faisons un tour rapide de la production historiographique sérieuse. On distinguera ici cinq périodes au cours desquelles, à l'exception de la dernière que nous vivons aujourd'hui, l'historiographie française a

---

a En effet, deux des quatre titres consacrés à Marat ajoutés depuis la guerre ont été rédigés en russe. Par ailleurs, ses écrits ont été traduits en russe en 1923 et 1956. Le livre de Stepanov *J.-P. Marat et son combat contre la contre-révolution* a été réédité six fois depuis 1924. Voir Victor DALINE, p. 92.

été passionnément républicaine et jacobine. Tout en ayant beaucoup de lecteurs, les antirévolutionnaires n'ont jamais eu de réputation académique bien établie. Un seul d'entre eux s'est trouvé bon candidat à la réhabilitation, Auguste Cochin (1876-1916), un défenseur de Taine contre Aulard, exhumé par François Furet (qui n'a jamais été *normalien*[a]). La version IIIe République radicale et radicale-socialiste – politique et institutionnelle – correspond à l'époque d'Aulard. Comme nous l'avons déjà évoqué, c'est pendant cette période, entre 1880 et la Première Guerre mondiale, que les bases de l'historiographie moderne ont été posées. En France, au lendemain de 1914-1918, le champ des études révolutionnaires s'est déplacé vers la gauche pour devenir nettement socialiste – Aulard était sur le déclin bien avant sa mort en 1928. Étrangement, les historiens socialistes et communistes étaient encore attachés aux jacobins, et particulièrement à Robespierre, plutôt qu'aux ancêtres de leur propre mouvement ou même au Lénine de 1917, qui, de tous les révolutionnaires, louait Danton, « plus grand maître à ce jour de la tactique révolutionnaire[31] ». Les années 1920 furent dominées par Albert Mathiez, qui accessoirement affirma ses convictions socialistes en rééditant l'*Histoire socialiste de la Révolution française* de Jaurès, publiée à l'origine dans une optique plus politique qu'académique. Bien qu'il n'obtînt jamais « la » chaire, il domina la Société des études robespierristes et, à travers elle, la sphère des études révolutionnaires. L'interprétation mathiézienne de la Révolution française est devenue la plus influente. Rapidement adoptée aux États-Unis – où, peut-être à cause de la tradition républicaine, l'intérêt des universités pour l'histoire de la Révolution française était bien établi ; Harvard a même acheté la bibliothèque d'Aulard –, sa synthèse de l'histoire révolutionnaire y fut bientôt traduite, et des versions abrégées intégrées à l'*Encyclopedia of the Social Sciences* de Seligman au début des années 1930, où l'on peut toujours la consulter pour son plus grand profit.

Dans la mesure où le sujet ne relève que d'un intérêt franco-français, je ne vais pas m'étendre sur l'hostilité de Mathiez envers Danton, célèbre débat qui l'opposa à Aulard avant même la Première Guerre mondiale. On peut tout de même penser que cette rivalité

a En français dans le texte.

reflétait largement les sentiments œdipiens de Mathiez vis-à-vis du créateur du champ, auquel il manqua de succéder à la chaire en Sorbonne.

C'est Philippe Sagnac qui fut finalement choisi pour prendre la suite d'Aulard. Sagnac fut un personnage central de l'historiographie positiviste française, mais n'impulsa guère d'évolution en termes institutionnels. *De facto*, Mathiez succéda à Aulard. En 1932, Lefebvre remplaça ce dernier à la tête de la Société des études robespierristes ainsi qu'à la direction des *Annales historiques de la Révolution française* (*AHRF*). Fondée par Mathiez, les *AHRF* avaient depuis longtemps supplanté la revue d'Aulard, *La Révolution française*, comme organe officiel de l'historiographie révolutionnaire. Georges Lefebvre, qui a dominé les années 1930 – et dont l'influence sur les études révolutionnaires ne cessa pas jusqu'à sa mort –, fut très lent à démarrer, probablement parce qu'il lui manquait l'appui d'une institution prestigieuse. Exilé en quelque sorte dans les collèges et lycées du département du Nord – on dit qu'il fut l'unique soutien au capitaine Dreyfus dans la ville de Boulogne-sur-mer –, il n'avait même pas la possibilité de se consacrer exclusivement à la Révolution, poussé par son patron de thèse à mener seul la traduction de l'*Histoire constitutionnelle de l'Angleterre* de William Stubbs, un classique en trois volumes auxquels il ajouta un supplément dans les années 1920. Ce détour improbable à travers l'histoire médiévale de l'Angleterre, rendu plus incroyable encore par le fait que l'auteur de ce classique victorien était un évêque, a eu le petit avantage de faire connaître et apprécier Lefebvre plus rapidement par les historiens anglais que par les Américains. La seule fois où Lefebvre quitta la France, ce fut pour une visite académique en Grande-Bretagne en 1934. Il est fort possible qu'il ait passé quelques nuits en Angleterre – à l'âge de soixante ans – avant même d'en avoir passé une seule à Paris. Après la publication de sa grande thèse novatrice sur la paysannerie, il put enfin occuper une chaire universitaire : d'abord à Clermont-Ferrand – à l'époque, la « Sibérie académique » française –, ensuite à Strasbourg, une université particulièrement ouverte aux talents depuis la réintégration de la ville à la France au lendemain de la Première Guerre mondiale et d'où Marc Bloch et Lucien Febvre lancèrent leur assaut contre l'orthodoxie historique avec les *Annales d'histoire économique*, avant de prendre Paris. Lefebvre n'arriva à Paris qu'en 1935 pour occuper, à la retraite de Sagnac en 1937, la chaire canonique d'histoire de la Révolution française.

Parti lentement, Lefebvre rattrapa le temps perdu. Les années 1930 furent marquées par toute une série d'ouvrages devenus des classiques : *La Grande Peur de 1789*, publié en 1932, est le point de départ de la plupart des travaux de l'histoire « vue d'en bas » (selon le terme inventé par Lefebvre) ; la superbe histoire de l'Europe à l'époque napoléonienne [32] – supérieure au précédant volume consacré à la Révolution française dans la collection « Peuples et civilisations », aux éditions Alcan, et écrite seulement en partie par lui (puis revue par ses soins plus tard [33]) ; la continuation des trois volumes de *La Révolution française* de Mathiez jusqu'à la période thermidorienne (*La Réaction thermidorienne*) – Lefebvre n'a édité le volume sur le Directoire qu'en 1946 [34] ; et, par-dessus tout, le monument le plus impressionnant qu'on pouvait ériger à l'occasion du cent cinquantième anniversaire de la Révolution en 1939, un petit livre simplement intitulé *Quatre-vingt-neuf*. C'était en quelque sorte l'hommage du Front populaire mourant à la Révolution qu'il ne pouvait plus commémorer. Ce livre constitue au fond ce que l'historiographie révisionniste attaque aujourd'hui, mais non sans respect. Lefebvre était un grand historien que l'on soit d'accord ou non avec lui. Selon moi, il était de loin l'historien de la Révolution le plus impressionnant, ce qu'admettent même ses adversaires. Quand il a écrit ses travaux les plus importants, il se situait politiquement du côté des socialistes, tandis qu'après la guerre, il ne cachait pas ses sympathies pour les communistes.

Il convient de faire deux autres observations d'ordre historiographique à propos des années 1930. D'abord, si elles semblent complètement dominées par la figure de Lefebvre, c'est surtout parce qu'un autre grand historien de la Révolution, Ernest Labrousse (1895-1988), était principalement connu pour ses travaux en histoire économique et sociale. Labrousse était l'un de ces intellectuels engagés à gauche qui s'étaient mis à l'histoire, bien qu'il fût politiquement plus actif que beaucoup. Après une courte période au parti communiste après le congrès de Tours, il rejoignit le parti socialiste (SFIO), devenant pour quelque temps le chef de cabinet de Léon Blum. Sa contribution majeure à l'histoire de la Révolution est une étude massive des crises économiques de l'Ancien Régime dans la seconde moitié des années 1780. Il expliquait l'origine de la Révolution en termes de coïncidence d'une crise économique et d'une crise politique de l'ancien système ; plus tard il écrira un texte (« Comment naissent les révolutions[35] ») dans lequel il tentera d'appliquer ce modèle quelque peu mécanique aux révolutions de 1830 et de 1848. Labrousse appartenait, par son esprit et par la manière dont il a vécu, à la IIIe République et à ses traditions. Mais, à la différence de ses collègues, il se considérait comme un historien marxiste, bien que dans une acception à l'ancienne, un peu kautskienne, sensible au déterminisme économique. Braudel le tenait pour le seul grand historien français et regrettait – ou du moins le feignait-il – que la discipline historique en France dût souffrir de la mésentente qui dominait ses rapports avec lui.

À propos des années 1930, l'autre point sur lequel il faut insister est le lancement d'une activité de recherche moderne sur l'histoire de la Révolution française aux États-Unis (où le champ était déjà bien débroussaillé) ainsi qu'au Royaume-Uni. Ces deux pays sont devenus les principaux pôles étrangers de réflexion sur la période.

Les deux décennies allant de l'après-guerre aux années 1960 – Lefebvre est mort en 1959 – sont restées dominées par Lefebvre et par ses élèves, qui étaient alors très liés au parti communiste ; même si Albert Soboul (1914-1982), qui lui succéda en Sorbonne (après un intervalle avec Marcel Reinhard [1899-1973]), fut en somme un pur produit de la tradition républicaine tout comme l'avaient été ses prédécesseurs. Étudiant de l'un et ami de l'autre, l'historien Richard Cobb, un homme on ne peut plus éloigné du marxisme mais fasciné par la foule des anonymes de l'histoire et par conséquent attiré par les seuls chercheurs qui avaient voué leur vie à l'histoire du peuple dans la Révolution, Lefebvre et son successeur communiste, a écrit des textes captivants en hommage aux deux hommes. On notera au passage que le groupe des jeunes et brillants historiens qui ont quitté le parti communiste au milieu des années 1950, après une période de stalinisme rigoureux – le plus célèbre d'entre eux, Emmanuel Le Roy Ladurie, ayant décrit son parcours politique et d'éducation dans sa biographie[36] –, a montré peu d'intérêt pour la Révolution française, davantage attiré par l'école des Annales. Ce sont cependant deux anciens communistes, François Furet et Denis Richet, qui ont inauguré la vague révisionniste en France. Après la mort prématurée d'Albert Soboul en 1982, la chaire en Sorbonne a été occupée par un autre communiste, Michel Vovelle (né en 1933), dont la recherche s'est illustrée dans le champ de l'histoire culturelle et de l'histoire des mentalités, des perspectives qui ont exercé dans les années 1960 et

1970 une influence et une attraction bénéfiques sur beaucoup d'historiens de gauche talentueux.

Toutefois, depuis la guerre, il n'a plus été possible de penser l'historiographie de la Révolution française comme un domaine essentiellement français. Les élèves de Lefebvre constituaient un groupe international, et, en Grande-Bretagne, le nombre de doctorats sur le sujet a décollé dans les années 1950 et 1960. Il n'y avait eu aucune thèse sur ce thème avant 1910 ; on en comptait ensuite à peu près six par décennie jusqu'en 1950 – et jusqu'à neuf pour les années 1930 –, mais jusqu'à dix-neuf dans les années 1950 et vingt dans les années 1960[37].

Essayons maintenant d'évaluer rapidement la signification de ces différentes phases de l'interprétation de la Révolution. En France, celle-ci a coïncidé avec l'histoire de la IIIe République aussi longtemps que le régime a existé – jusqu'en 1940. Cela signifie que la mise en place de la plus importante école française d'historiens de la Révolution a reflété l'institutionnalisation de la IIIe République comme démocratie se référant à la Révolution en tant qu'expérience fondatrice. Il me semble que le grand *boom* de l'historiographie révolutionnaire des années 1900 traduit le triomphe de la République par rapport aux nombreuses crises de son enfance – une victoire culminant avec l'affaire Dreyfus et confirmée par la séparation de l'Église et de l'État (1905) et par l'émergence du Parti radical devenu le pivot de la République. Comme chacun le sait, les membres de ce parti n'étaient ni radicaux ni socialistes, mais profondément attachés à la République et par conséquent à la Révolution et, dans l'entre-deux-guerres, nombre de leurs leaders politiques, notamment l'intellectuel joufflu très porté sur la gastronomie Edouard Herriot (1872-1957) (encore un *normalien*[a]), pratiquaient l'histoire de la période révolutionnaire plutôt sérieusement. En l'année du cent cinquantenaire – et bien que sa ville natale et circonscription politique Lyon ait particulièrement souffert de la Terreur jacobine (il a aussi écrit l'histoire de Lyon) –, Herriot a publié un volume de discours intitulé *Hommage à la Révolution*[38]. Le triomphe de la République sur ses ennemis, comme l'a démontré l'affaire Dreyfus, reposait sur l'alliance du centre avec la gauche, voire l'extrême gauche. Le principe politique fondamental de la

a En français dans le texte.

IIIe République était en conséquence : « Pas d'ennemis à gauche », pas de rejet de l'héritage de la République jacobine. Alors que Robespierre et Saint-Just, sans même parler de Marat, ne suscitaient l'enthousiasme que dans une partie restreinte de la gauche, même les modérés aimaient Danton, qui avait été à la fois un jacobin, un opposant à Robespierre et un opposant aux excès de la Terreur. Louis Barthou, un politicien républicain modéré, connu avant tout par sa mort – il fut assassiné avec le roi Alexandre de Yougoslavie en 1934 par un terroriste yougoslave –, a écrit des biographies de Mirabeau et de Danton ainsi qu'un livre sur le 9 thermidor, c'est-à-dire la chute de Robespierre. C'est peut-être la clé permettant de comprendre l'idéalisation de Danton par Aulard.

Passé les années 1900, il semble que la Révolution soit devenue pour un temps, du moins chez les républicains modérés, un sujet de discours de 14 Juillet plus qu'une priorité idéologique. Le centre de gravité de l'historiographie révolutionnaire s'est déplacé vers la gauche, moins en termes politiques que sociaux. Il n'est pas anodin, selon moi, que le livre majeur de Mathiez ait été consacré au problème du prix des subsistances et aux troubles sociaux à l'époque de la Terreur, alors qu'il avait d'abord écrit sur l'histoire religieuse ; ou que Lefebvre, successeur de Mathiez, ait consacré sa thèse aux paysans du Nord pendant la Révolution, ou que le chef-d'œuvre de Soboul, successeur de Lefebvre, fût consacré aux sans-culottes parisiens – c'est-à-dire aux masses militantes [39]. (Soit dit en passant, aucun de ces historiens n'a idéalisé son sujet : Mathiez et Soboul étaient fermement du côté de Robespierre contre les attaques qu'il subissait sur sa gauche, tandis que Lefebvre regardait ses paysans sans illusion ou plutôt dans la perspective des jacobins des villes. Plus généralement, l'histoire de la Révolution s'est déplacée d'une lecture politique vers une lecture socioéconomique. J'ai déjà mentionné Labrousse, mais, pour prendre un autre exemple parmi la génération précédente de spécialistes, Marcel Reinhard fut l'un des premiers à s'intéresser à l'histoire démographique de la période révolutionnaire, ce qui ne l'empêcha pas de publier également – un peu plus tard – une biographie de Carnot, le responsable jacobin de l'organisation de l'armée [40]. Jacques Godechot (1907-1989), ancien président de la Société des études robespierristes, surtout intéressé par l'histoire générale et l'histoire des institutions, a lui aussi été attiré par la démographie. Au départ, cela ne reflétait certainement pas l'influence du marxisme – la tradition marxiste française était encore négligeable – mais plutôt la montée du mouvement ouvrier et du socialisme : la marque de Jaurès. Quoi qu'il en soit, cela a contribué à rapprocher l'historiographie révolutionnaire des terrains privilégiés par les marxistes, lesquels formaient jusque-là le principal courant intéressé par les dimensions économiques et sociales de l'histoire. Dans les années 1930, cette convergence s'est trouvée renforcée par un fait déterminant : la montée du fascisme international, qui entraînait dans son sillage la plupart des conservateurs, des traditionalistes ou des réactionnaires.

Ce moment fut capital car le fascisme était l'expression par excellence de ceux qui, dès le début, avaient complètement rejeté la Révolution. En effet, jusqu'au milieu du XXe siècle, on pouvait pratiquement définir l'extrême droite par son opposition à la Révolution, c'est-à-dire non seulement au jacobinisme et à sa descendance politique, mais au libéralisme et à toute l'idéologie des Lumières du XVIIIe siècle et des progrès du XIXe siècle, sans même parler de l'émancipation des juifs, qui fut l'une des plus remarquables réalisations de la Révolution. Il n'y avait pas d'ambiguïté sur ce que voulait la droite. Elle souhaitait renverser la marche de la Révolution, même si elle ne croyait pas vraiment à la restauration de la monarchie des Bourbons que réclamaient les militants les plus actifs de l'Action française. Le seul moment où la droite française renversa la République, entre 1940 et 1944, elle tint la monarchie à distance, même si son influence idéologique sur les hommes de Vichy était notable, établissant un « État français » autoritaire, sans autre définition. La position de l'Église catholique du temps de Vatican I ne prêtait pas non plus au doute. À l'évidence, elle aurait aimé mais ne pouvait espérer abolir 1789 partout – elle y est tout de même parvenue dans l'Espagne de Franco, où l'on sait avec quel acharnement les francs-maçons furent persécutés. Enfin, il n'y avait pas d'équivoque possible sur le positionnement des fascistes. Mussolini l'a lui-même écrit dans l'article « Fascisme » de son *Enciclopedia italiana*. Il se déclarait « contre le positivisme flottant et matérialiste du XIXe siècle », s'opposait « à toutes les abstractions individualistes à fondement matérialiste typiques du XVIIIe siècle [...] et [à] toutes les utopies et innovations jacobines [41] ». Cela était encore plus vrai en Allemagne, où l'idéologie nationale a longtemps été suspicieuse non seulement à l'égard du libéralisme occidental, mais aussi des Français, ennemis héréditaires immoraux et nationalistes.

Dans ces circonstances, alors que la Révolution française était la cible principale de leurs ennemis, les antifascistes ont inévitablement tendu à se rallier à celle-ci. On pourrait dire que le rassemblement autour du souvenir de la Révolution fut idéologiquement ce qu'était politiquement le Front populaire : l'union de tous les antifascistes. Ce n'est pas un hasard si après 1936 les syndicats français ont financé Jean Renoir pour réaliser *La Marseillaise* ou, comme je m'en souviens encore, ont soutenu la production de la pièce de théâtre plutôt ennuyeuse de Romain Rolland intitulée *Quatorze Juillet*, jouée à Paris pendant l'été 1936. Cependant, une autre raison expliquait le culte voué par le Front populaire à *La Marseillaise*, le drapeau tricolore et les jacobins de 1793-1794. Ils incarnaient tout simplement les patriotes français authentiques, les sauveurs de la France au terme d'une guerre nationale – et idéologique – pour la défense du pays contre la réaction intérieure qui, partie pour l'étranger, s'allia aux ennemis de sa propre patrie.

Pour des raisons qui ne nous intéressent pas ici, le vocabulaire du patriotisme et du nationalisme français est passé, au cours des deux dernières décennies du XIXe siècle, de la gauche à la droite [42]. De la même façon, la gauche socialiste et prolétarienne a réagi à la récupération par la IIIe République de *La Marseillaise* et du drapeau tricolore en s'éloignant de l'aspect patriotique et belliqueux de la tradition jacobine jusqu'à devenir antimilitariste, voire pacifiste. Principalement sous l'influence du parti communiste, elle s'est à nouveau tournée vers les symboles du patriotisme national, consciente du fait que *La Marseillaise* et le drapeau bleu, blanc, rouge étaient aussi des symboles de la révolution sociale. L'antifascisme et plus tard la Résistance à l'occupation allemande ont été à la fois des actes patriotiques et une façon de s'engager en faveur de la transformation sociale. Le parti communiste donnait l'impression qu'il réussirait à incarner les traditions de la République, alimentant l'inquiétude de De Gaulle pendant la Résistance.

Telle qu'elle s'est déroulée, la récupération du patriotisme jacobin a été un très bon calcul idéologique. En effet, l'historiographie française de droite a toujours souffert de ne pouvoir vraiment rejeter un épisode aussi glorieux et triomphant de l'histoire de France que les victoires et les conquêtes de l'époque révolutionnaire et napoléonienne. Si les historiens conservateurs qui écrivaient des ouvrages de vulgarisation élégants et intelligents étaient unis pour chanter les louanges de l'Ancien Régime et dénoncer Robespierre, comment pouvaient-ils dénoncer les glorieux exploits des soldats français, notamment lorsqu'ils étaient accomplis contre les Prussiens ou les Anglais ? Cela confirme un ancrage plus à gauche et plus jacobin de l'historiographie de la Révolution française. Politiquement, le Front populaire s'est effondré ; historiographiquement, il a produit en 1939, alors que la guerre se dessinait, son plus grand succès : le *Quatre-Vingt-Neuf* de Lefebvre. Et si, pour la génération suivante, ce livre occupait tout le champ, c'était en résonance avec la Résistance et la Libération autant qu'en souvenir de la IIIe République.

Entre-temps, la fusion des traditions républicaine, jacobine, socialiste et communiste s'était quasiment réalisée, le Front populaire et la Résistance ayant permis au parti communiste d'accéder au rang de premier parti de gauche. C'est d'ailleurs à partir des années 1930 que l'on peut retracer l'influence du marxisme sur la gauche française. Mais en quoi consistait-elle lorsqu'il s'agissait de comprendre la Grande Révolution ? Marx analysa en historien 1848, la IIe République et la Commune de Paris, mais jamais la Révolution française. Même Engels, pourtant davantage porté à l'écriture historique, n'en a jamais produit une interprétation cohérente, ne fût-ce qu'à l'état d'ébauche. En réalité, c'est aux libéraux de la Restauration que Marx a emprunté, on l'a vu, la représentation de la Révolution comme une victoire bourgeoise de la lutte des classes. Le marxisme a ensuite accueilli favorablement son interprétation en termes de mouvement populaire et essayé de l'aborder du point de vue des masses, une perspective qui était encore moins spécifiquement marxiste puisqu'elle appartenait à Michelet. Quant à l'idéalisation de la Terreur et de Robespierre, elle renvoie aux babouvistes et particulièrement à Buonarroti, qui transposa la musique de la révolution radicale de 1793-1794 dans le ton prolétarien du communisme du XIXe siècle. Si Babeuf fut admiré parce qu'on voyait en lui un communiste primitif, il est fort probable que, du point de vue théorique, il n'aurait pas davantage plu à Marx qu'à Weitling ou Thomas Spence. Enfin, le culte de Robespierre n'a en aucune manière été marxiste. Si la tradition marxiste dominante a choisi de s'aligner sur Robespierre contre les radicaux qui se dressaient sur sa gauche, on peut supposer que c'était un choix par défaut, les marxistes préférant endosser l'héritage jacobin plutôt que celui de ses opposants. En soi, il est tout à fait surprenant que les communistes d'aujourd'hui défendent Robespierre contre Hébert et Jacques Roux. C'est un peu comme si les socialistes et communistes anglais, avec toute leur admiration pour les régicides et la république au XVIIe siècle, défendaient Cromwell contre les *levellers* (les « niveleurs ») et les *diggers* (les « bêcheux »). En fait, les historiens marxistes, attachés à la fois à la représentation de la Révolution en termes de révolution bourgeoise et à la République jacobine comme incarnation de ses réalisations les plus avancées, ont eu le plus grand mal à établir qui incarnait exactement la bourgeoisie à l'époque du Comité de Salut public, lequel aimait autant les hommes d'affaires que le populiste W. J. Bryan appréciait les banquiers [a]. Soit dit en passant, ni Engels ni Marx n'ont adopté une vision aussi schématique de la République jacobine.

Il est certain que l'interprétation jacobine de la Révolution a été jusqu'à un certain point « marxisée » par Jaurès et par ses successeurs. De fait, ils ont concentré leur attention plus qu'aucun historien auparavant sur les facteurs sociaux et économiques pour expliquer les origines et le développement du mouvement révolutionnaire et particulièrement la mobilisation de sa composante populaire. Au sens large, l'interprétation postjaurésienne de la Révolution comme révolution bourgeoise ne va pas véritablement au-delà de la thèse libérale d'un soulèvement qui a entériné la longue et lente ascension historique de la bourgeoisie, prête dès 1789 à remplacer le féodalisme. Les marxistes se sont maintenus dans les limites de l'interprétation jacobine à ce niveau également. Les articles célèbres de George V. Taylor sur la « richesse non capitaliste », représentant, plus que ceux de Cobban, le véritable point de départ du révisionnisme, n'étaient pas foncièrement critiques des recherches marxistes ou jacobines – elles existaient à peine –, mais entendaient démontrer qu'il ne suffisait pas de poser la question en termes d'ascension de la bourgeoisie, encore

---

a NdT. Avocat et orateur brillant, plusieurs fois candidat à l'élection présidentielle américaine, William Jennings Bryan (1860-1925) fut une grande figure du parti démocrate au tournant du XIXe siècle. Devenu le porte-parole des « petites gens », ouvriers, petits fermiers, petits entrepreneurs, il s'opposa aux grandes banques et au gouvernement accusés d'appauvrir les campagnes au profit des grandes villes.

fallait-il définir ce que l'on entendait par bourgeoisie et faire la preuve de son prétendu essor [43].

En somme, les marxistes ont davantage intégré l'historiographie républicaine de la Révolution telle qu'elle s'est développée au XXe siècle qu'ils n'y ont contribué. Néanmoins, on ne peut douter du fait qu'ils se sont approprié cette historiographie, qu'ils l'ont faite leur, avertissant ainsi qu'une attaque contre le marxisme serait aussi une attaque contre elle.

4

Survivre au révisionnisme

Au cours des vingt dernières années nous avons assisté à une réaction historiographique de grande ampleur contre l'interprétation classique. Il y a encore vingt-cinq ans, Georges Lefebvre était salué par John McManners dans les colonnes de la *New Cambridge Modern History* en des termes presque excessifs et sa grande synthèse était réputée solide. Crane Brinton, qui n'était pas franchement un léniniste, rejetait alors *Le Sens de la Révolution française* d'Alfred Cobban, véritable pierre de touche du révisionnisme, qu'il dénonçait comme le travail d'un historien de la vieille école, d'un antithéoricien, qui, faute de pouvoir se passer complètement d'« interprétation », proposait quelque chose d'encore plus naïf que ce qu'il prétendait dépasser [1]. Mais en 1989, *The French Revolution* de George Rudé [2], un livre excellent et équilibré, fondé sur l'interprétation classique, a été mis à l'index comme le travail d'un homme « qui s'inquiète de la distribution de la cargaison alors que le bateau naufragé s'enfonce inexorablement dans les profondeurs de la mer », voire comme « la récapitulation de vieilles idées qui ne sont plus crédibles à la lumière des recherches récentes [...] [et] ne [correspondent] plus aux faits tels qu'ils sont perçus aujourd'hui [3] ». Enfin, un historien français réduisait le travail de François Furet au fait de « diffuser les thèses de Cobban et de ses successeurs [4] ». Je doute qu'aucune période précédente de l'historiographie révolutionnaire française ait connu un tel retournement de jugement.

L'extrémisme de certaines déclarations montre que les émotions exprimées dépassent la sphère académique, ce que confirme la formulation « les faits tels qu'ils sont *perçus* aujourd'hui » (je souligne « perçus »), qui ne questionne pas tant les faits que notre interprétation. Cette tendance est renforcée par les tentatives pour démontrer le *peu d'importance* que présenterait la Révolution française. Ce point de vue n'est pas seulement invraisemblable, mais va à l'encontre de tout ce que l'on a pu penser au XIXe siècle. En bref, on voudrait nous faire croire que la Révolution fut l'antithèse de la transformation sociale inévitable qu'évoquait le jeune libéral Benjamin Constant en 1796 : « Il faut enfin céder à la nécessité qui nous entraîne, il faut ne plus méconnaître la marche de la société [5]. » Certains vont jusqu'à parler d'une expérience « désordonnée à l'origine et inefficace au regard de ses résultats [6] ». Les idéologues en question, parfois historiens, écrivent comme si la Révolution pouvait être racontée en dehors du cadre de l'histoire moderne, sans qu'il soit nécessaire de retoucher le scénario original – l'auteur de la dernière citation n'est toutefois pas concerné par cette remarque. L'hypothèse selon laquelle la Révolution française n'aurait été qu'un faux pas sur la longue et lente marche de la France éternelle est pourtant une absurdité manifeste.

Officiellement, ce renversement de perspective est justifié par l'accumulation de nouvelles recherches qui auraient rendu intenables les hypothèses traditionnelles. On a observé, il est vrai, une augmentation importante des travaux consacrés à l'histoire de la Révolution, mais ce mouvement, aussi remarquable soit-il, n'a pas vraiment touché la France et certainement pas les révisionnistes. Paradoxalement, le lieu de l'orthodoxie historiographique après guerre, l'école des Annales (si l'on peut parler d'une école), ne s'est jamais véritablement intéressée à l'histoire politique ou aux révolutions, des phénomènes pour elle superficiels et considérés comme de l'histoire événementielle. Cela explique certainement que l'histoire de la Révolution française fût en grande partie laissée aux marxistes, qui tiennent les révolutions pour des événements historiques de grande importance. La plupart des historiens révisionnistes français ont entrepris de

Penser la Révolution française, pour reprendre le titre du livre de Furet, c'est-à-dire d'assembler les morceaux du puzzle différemment. La mise en évidence de nouveaux faits est, elle, largement due aux chercheurs américains et britanniques. Sur les six pages de bibliographie figurant au terme d'une recherche révisionniste récente prises au hasard, j'ai trouvé quatre-vingt-neuf références à des travaux étrangers et cinquante et une à des travaux français [7]. Vu la fierté nationale des chercheurs français et la centralité de la Révolution dans l'histoire du pays, on peut soupçonner que c'est surtout par inclination idéologique que certains ont été si aisément réceptifs aux travaux étrangers. En tout cas, les débuts du révisionnisme nous renvoient à une époque où ces nouvelles recherches n'existaient pas, plus précisément, au moment où Cobban (1901-1968) lançait son attaque contre le concept de Révolution bourgeoise (1965) [8]. Cela confirme que le débat n'a jamais porté sur les faits, mais sur leur interprétation.

On pourrait aller encore plus loin. Les discussions n'ont pas tant concerné la Révolution française elle-même que les généralisations politiques et historiographiques élaborées à partir de son histoire. D'ailleurs, un lecteur ignorant des mouvements de l'historiographie, un sociologue cultivé par exemple, peut facilement démontrer qu'il n'y a pas de profond désaccord sur les faits entre les révisionnistes et l'historiographie classique [9], même si dans ses grandes lignes l'explication générale de la Révolution par Albert Soboul (mais non son étude remarquable sur les sans-culottes parisiens) prête parfois le flanc aux piques de Furet, moquant « une sorte de vulgate lénino-populiste [10] ». Si Lefebvre n'avait pas publié ses travaux dans les années 1920 ou 1930, mais dans les années 1960-1970 comme un chercheur anonyme, ils n'auraient probablement pas été reçus comme les piliers d'une orthodoxie à combattre, mais au contraire, comme une contribution à sa révision [11].

Un exemple illustre cela très bien. L'un des principaux arguments que les révisionnistes opposent à ceux qui considèrent la Révolution française comme bourgeoise est qu'une telle révolution aurait dû, selon les hypothèses marxistes, permettre le développement du capitalisme en France, or il est évident que l'économie française n'a pas particulièrement bien fonctionné au cours de l'époque révolutionnaire ni même dans les années qui ont suivi. (« Le mythe marxiste assimilant la Révolution à une étape décisive dans le développement de l'économie capitaliste est facilement démenti par la stagnation de l'économie pendant la période révolutionnaire et au-delà [12]. ») La littérature révisionniste souligne également que l'essor économique français au XIXe siècle est resté plutôt modeste par rapport à celui d'autres pays. Or le thème du retard français était déjà bien connu de Friedrich Engels, qui le commentait sans laisser penser que cela puisse invalider ses analyses [13]. De même, la plupart des historiens économistes de la première moitié du XXe siècle, marxistes compris, s'accordaient à constater les différences de développement au XIXe siècle, ce qu'atteste l'important ensemble de travaux sur le « retard économique » français – même si d'autres études, plus récentes, ont encouragé les révisionnistes à explorer eux aussi ce champ. Quoi qu'il en soit, Lefebvre ne s'est pas contenté de prendre pour argent comptant les effets négatifs de la Révolution sur le développement économique ultérieur du capitalisme français, il a essayé de les expliquer en analysant spécifiquement la dimension paysanne de la Révolution. Soboul, porte-drapeau de la thèse de la révolution bourgeoise, a repris des arguments similaires pour expliquer le retard relatif du capitalisme français par rapport au capitalisme anglais [14]. Tous deux peuvent être légitimement critiqués, mais certainement pas pour avoir omis de prendre en compte ce qui semble aujourd'hui évident à leurs détracteurs. Les débats sur l'interprétation sont une chose, ceux sur les faits en sont une autre.

Il ne s'agit évidemment pas de nier les progrès spectaculaires enregistrés par la recherche sur la Révolution française depuis la Seconde Guerre mondiale – elle connaît un développement inédit depuis le quart de siècle précédant 1914 –, ni que son historiographie requiert élargissement, mise à jour et révision pour prendre en compte les nouveaux questionnements. C'est d'ailleurs clairement le cas pour la période prérévolutionnaire. Ainsi, la « réaction aristocratique, selon les termes de Lefebvre, qui n'a cessé de se préciser et de se fortifier depuis la fin du règne de Louis XIV et qui est le trait le plus important de l'histoire de la France au XVIIIe siècle [15] » n'a pas vraiment survécu et il est dorénavant difficile de trouver quelqu'un pour essayer de la raviver. Plus généralement, l'histoire révolutionnaire doit désormais prendre en compte les régions et les groupes de la société française jusque-là négligés par l'historiographie, notamment les femmes, les catégories non politiques du peuple français et les contre-révolutionnaires. Je ne suis pas sûr qu'il faille en revanche se jeter à corps perdu, comme le font certains historiens, dans les modes contemporaines d'analyse – l'histoire comme rhétorique, la révolution comme symbolisme et autres « déconstructions ».

Il est indéniable que l'historiographie républicaine classique, avant même sa convergence et son interpénétration avec l'interprétation marxiste, a tendu à devenir une orthodoxie pédagogique et idéologique hautement résistante au changement. Prenons un exemple relativement mineur. Dans les années 1950, quand Robert R. Palmer et Jacques Godechot élaborèrent la thèse de la « révolution atlantique [16] », suggérant que la Révolution française n'avait été qu'un moment d'un mouvement plus large contre les anciens régimes occidentaux, l'hypothèse fut rejetée avec indignation dans les cercles d'historiens marxistes, alors que l'idée était intéressante et que les auteurs appartenaient tous deux au courant dominant de l'historiographie révolutionnaire [17]. Les objections qu'on leur a opposées étaient essentiellement politiques. D'une part, dans ces années-là, les communistes étaient particulièrement méfiants à l'égard du terme « atlantique », qui leur semblait renforcer l'affirmation que les États-Unis et l'Europe occidentale appartenaient à un même monde face à l'Europe de l'Est (comme dans l'Organisation du traité de l'Atlantique Nord). Cette opposition à l'introduction imprudente du registre de l'« atlantisme » – utilisé en politique –, dans le champ académique, fut accessoirement partagée par des chercheurs d'un conservatisme sans tache [18]. D'autre part, suggérer que la Révolution française n'était pas un phénomène unique et, historiquement parlant, particulièrement décisif, affaiblissait le caractère exceptionnel et l'impact universel des « grandes » révolutions passées et à venir, sans parler de la fierté nationale des Français, notamment de ceux qui se plaçaient dans le camp de la Révolution. Déjà sensible à des changements de moindre importance, la résistance des orthodoxies à des remises en cause d'envergure fut encore plus grande.

Cependant, les défis lancés aux interprétations idéologiques ou politiques ne doivent pas être confondus avec les révisions historiques, même si l'on ne peut toujours clairement les séparer, notamment dans le cadre si politique du champ des études révolutionnaires. En s'intéressant aux assauts politiques et idéologiques menés contre l'historiographie classique, on observe une curieuse disproportion entre les passions qu'ils suscitent et les cibles visées. Car, de la même manière qu'avait pesé sur les discussions et les débats du centenaire de 1889 la propagation de la démocratie dans les sociétés parlementaires occidentales, l'ombre de la Révolution russe et de ses séquelles a plané sur les joutes idéologiques du bicentenaire. Les seuls à attaquer encore 1789 en tant que tel, sont de vieux conservateurs français passés de mode, héritiers de cette droite se définissant par son rejet de tout ce que les Lumières représentent. Ils sont bien sûr toujours nombreux. La révision libérale de l'histoire de la Révolution française est entièrement dirigée, *via* 1789, contre 1917. C'est une ironie de l'histoire qu'elle s'en prenne ainsi, comme nous l'avons vu dans le premier chapitre, à l'interprétation de la Révolution qui fut élaborée et popularisée dans sa forme première par l'école du libéralisme modéré, dont les révisionnistes se considèrent comme les héritiers.

D'où le recours sauvage à des termes tels que « goulag » (un mot à la mode dans les cercles intellectuels français depuis Soljenitsyne), à la « novlangue » orwéllienne, aux références au totalitarisme, et d'où l'accent mis sur la responsabilité des agitateurs et des idéologues dans le déclenchement de 1789 et l'insistance à présenter les jacobins comme les ancêtres du parti d'avant-garde (Furet, réactualisant Cochin). Ainsi s'explique également la préférence pour le Tocqueville qui soulignait les continuités en histoire, plutôt que pour celui qui voyait dans la Révolution l'acte créateur d'une « société nouvelle [19] ». D'où, enfin, le penchant pour le vieux Guizot, affirmant que les gens comme lui « se défendirent à la fois du retour aux maximes de l'Ancien Régime et de l'adhésion, même spéculative, aux principes révolutionnaires [20] », alors que le même déclarait lorsqu'il était encore jeune, en 1821 :

> « Amenée par le développement nécessaire d'une société en progrès, fondée sur des principes moraux, entreprise dans le dessein du bien général, [la Révolution] a été la lutte *terrible* mais *légitime* du droit contre le privilège, de la liberté légale contre l'arbitraire ; [...] à elle seule il appartient, en se réglant, en s'épurant, en fondant la monarchie constitutionnelle, de consommer le bien qu'elle a commencé et de réparer le mal qu'elle a fait [21]. »

Il se dégagea, en somme, une ligne d'argumentation générale en faveur de réformes et de changements graduels, complétée par l'affirmation que la France aurait pu se passer de la Révolution française, qui n'avait pas changé grand-chose à l'évolution du pays, sinon quelques acquis médiocres pour un coût disproportionné [22].

En réalité, ce type d'affirmations est indispensable aux histoires de la Révolution rédigées sur le mode de la dénonciation politique contemporaine, à l'image du best-seller éloquent et stylé de Simon Schama, *Citizens*, dans la mesure où elles permettent aux auteurs de se concentrer librement sur l'horreur et la souffrance gratuite. Je ne doute pas que le jour où les causes de la Seconde Guerre mondiale ne seront plus identifiables, on écrira de merveilleuses histoires pleines de talent et d'amertume, parlant à son sujet de catastrophe inutile ayant causé plus de morts et de destructions que la Première Guerre, pour un résultat peu éloigné de ce qui aurait de toute façon fini par arriver. Il est évidemment plus facile d'envisager de tels événements si l'on ne cherche pas à les comprendre, ou si l'on ne se sent pas concerné par leur histoire. Ce n'est pas en tant que spécialiste de l'histoire de la Révolution que Schama se positionne ; bien que très documenté, son livre n'entend pas ajouter aux connaissances déjà disponibles. Le choix d'une narration focalisée sur des personnages précis et sur certains épisodes contourne nettement les problèmes de perspective et de généralisation. Et écrivant un siècle et demi après Carlyle, auquel il emprunte sa verve littéraire et son style flamboyant, Schama ne se sent pas touché par ce drame comme l'avait été l'historien écossais. Il n'est que le simple chroniqueur désenchanté des crimes et des folies de l'humanité.

Néanmoins, bien que les intellectuels libéraux utilisent volontiers l'expérience de la Révolution française comme un argument contre les révolutions communistes modernes et, inversement, portent un regard critique sur Robespierre à la lumière de Staline ou de Mao – comme le font les historiens russes –, il semblerait que, dans les pays développés, et notamment en France, le danger d'une révolution sociale calquée sur le modèle de la Révolution russe ou chinoise, ou si l'on préfère de type cambodgien, ou à la manière du Sentier lumineux péruvien, soit plutôt éloigné. À vrai dire, la « menace » démocratique paraissait beaucoup plus imminente en 1889. Rien de plus naturel aujourd'hui que de voir des historiens ayant vécu des atrocités bien plus grandes que celles de 1793-1794 interroger les années 1790 à la lumière de leur expérience, de la même façon qu'il était naturel aux historiens anglais qui avaient enduré la Seconde Guerre mondiale de reconsidérer la Terreur de l'an II comme peut-être le premier exemple d'une mobilisation planifiée de guerre totale comparable à ce qu'ils venaient de vivre. Cependant, pourquoi seuls ceux qui ont toujours rejeté 1789 insistent-ils sur la Révolution française comme l'exemple de ce qui peut arriver quand on n'a pas su éviter une révolution, ne présentant que des estimations maximales des dommages entraînés – qu'aucun historien sérieux n'a d'ailleurs essayé de dissimuler –, alors que, parmi les dangers potentiels menaçant aujourd'hui le tissu social de la France ou des autres sociétés modernes, les successeurs de Robespierre ou de Saint-Just sont probablement les plus négligeables ? Entre la simple réalité du bicentenaire dans un monde occidental relativement stable et les passions qu'il a suscitées en France, la disproportion est notable. Remarquons qu'à l'étranger on a su commémorer l'événement dans une atmosphère moins controversée.

Dans la France de 1989, ce n'était pas l'état du pays qui était explosif, mais les passions animant ses intellectuels, particulièrement ceux qui avaient acquis au sein des médias d'opinion une prééminence hors du commun [23]. L'attaque révisionniste contre la Révolution reflète ainsi davantage un règlement de comptes sur la rive gauche de Paris que la peur d'un risque de soulèvement social. Cette confrontation fait principalement intervenir le passé des acteurs, à savoir le rapport qu'ils ont entretenu avec le marxisme, qui fut, comme l'a remarqué Raymond Aron, la base des modes idéologiques qui ont dominé la scène intellectuelle parisienne durant les trente années ayant suivi la Libération [24]. Les détails de ce chapitre de l'histoire intellectuelle française ne concernent pas notre présent propos. Ses origines remontent à la période du fascisme, ou plutôt de l'antifascisme, quand l'idéologie traditionnelle des Lumières et les valeurs de la République – la croyance en la raison, la science, le progrès et les droits de l'homme – convergèrent vers un communisme, qui, paradoxalement, entrait dans sa période stalinienne – le Parti communiste français est ainsi devenu, entre 1935 et 1945, l'incarnation contemporaine de la tradition jacobine en même temps que la plus grande organisation politique du pays.

Tous les intellectuels de gauche ne sont pas devenus membres du parti communiste, même si celui-ci attira un nombre impressionnant d'étudiants dans la France de l'après-guerre, notamment dans les institutions formant l'élite : pendant la première guerre froide, près d'un quart des étudiants de l'École normale supérieure de la rue d'Ulm, un établissement traditionnellement républicain, étaient encartés au PCF[25]. (Avant guerre, le « quartier Latin » avait plutôt été dominé par les étudiants d'extrême droite.) Mais qu'ils y aient adhéré ou non, le Parti exerça « de la Libération jusqu'en 1981, une étrange fascination sur les intellectuels de gauche français ». En effet, avec le déclin du vieux parti socialiste jusqu'à sa reconstitution sur de nouvelles bases par François Mitterrand, le PCF faisait figure d'unique représentant politique de la gauche[26]. En outre, les gouvernements qui se sont succédé depuis la rupture de l'alliance antifasciste (1947) s'étant toujours réclamés, à de rares exceptions, du centre ou de la droite gaulliste, les intellectuels ont rarement été tentés d'abandonner leur posture d'oppositionnels de gauche. La tentative sérieuse pour repenser les perspectives politiques de la gauche que suggéraient les expériences européennes des années 1950 et 1960 a ainsi pu être reportée jusqu'après la fin des années 1960, quelques instants de rhétorique contestataire et d'utopie avaient même réussi à en faire oublier la nécessité. Le retrait du général de Gaulle de la vie politique et la dissipation des illusions de mai 1968 ont aussi marqué la fin de l'hégémonie de l'intellectuel *marxisant*[a]. Le contrecoup fut d'autant plus terrible que le fossé entre les théories abstraites et la réalité sociale était devenu infranchissable – sauf à s'aider des filets peu solides tendus par quelques arguties philosophiques. En tout cas, la mode intellectuelle dictant les couleurs idéologiques, comme la *haute couture*[b] dicte celle de la saison, il est rapidement devenu plus difficile de trouver un marxiste qu'un positiviste de la vieille école. On fit comprendre à ceux qui résistaient qu'ils étaient tout simplement dépassés. À la fin de sa vie, Jean-Paul Sartre était devenu quelqu'un avec qui il ne fallait pas débattre. Quand après sa mort un éditeur américain a cherché à acheter les droits de la biographie qu'il croyait naturellement en préparation, il a rapidement compris qu'aucun de

a En français dans le texte.

b En français dans le texte.

ses collègues français n'avait jugé bon de susciter un tel ouvrage [a]. Si le succès du livre d'Annie Cohen-Solal [27] en France et dans d'autres pays a démontré que le nom de Sartre signifiait encore quelque chose pour un large public, dans le Ve arrondissement, on l'avait perdu de vue.

La crise du marxisme français a affecté la Révolution pour des raisons à la fois générales et spécifiques. D'un point de vue global, parce que la gauche française s'est véritablement constituée à l'image de la Révolution, et particulièrement du jacobinisme. Plus spécifiquement, parce que l'histoire révolutionnaire a tenu *littéralement* lieu en France de théorie politique et de terrain de réflexion pour la gauche, comme l'a démontré de façon convaincante Tony Judt :

> « Les moments symboliques de l'expérience révolutionnaire de 1789-1794, et dans une moindre mesure de 1848 et 1871, sont entrés dans le vocabulaire de tous les penseurs attitrés comme autant de points de référence intellectuels. Par voie de conséquence, les auteurs de cette pénombre interprétative que François Furet baptise « catéchisme révolutionnaire » – Mathiez, Georges Lefebvre, Albert Soboul, aussi bien que Jaurès et Lucien Herr – ont acquis une place bien méritée (sinon unique parmi les historiens) : non seulement la plupart des intellectuels français de plus de trente ans doivent leur intelligence de la politique aux travaux de ces chercheurs, mais c'est vers Mathiez et les autres qu'ils sont contraints et forcés de se tourner lorsqu'ils cherchent un squelette empirique sur lequel greffer le corps charnu de leur pensée métaphysique. C'est la Révolution française interprétée comme un processus doué de sens qui explique en dernière instance tous les éléments contingents que peut comporter la réalité politique française [...] [28]. »

Le rejet des vieilles croyances radicales ou révolutionnaires implique ainsi automatiquement une attaque révisionniste sur l'histoire de la Révolution. Seulement, comme Judt n'a pas manqué de le souligner, ce n'est pas une attaque contre une interprétation marxiste, mais bien contre ce que les intellectuels de gauche ont élaboré en France depuis 1840 – et, comme on l'a vu, ce que les libéraux ont fait depuis les années 1810. Il s'agit donc d'une attaque

a En fait, on trouva finalement un auteur, le livre fut commandé en français depuis New York et les droits revendus ensuite aux Français.

contre le fonds principal de la tradition intellectuelle française : Guizot et Comte en sont, tout autant que Marx, les victimes nécessaires.

D'autres raisons expliquent également qu'à partir des années 1970, une telle rétrogradation de la Révolution française soit devenue moins impensable. La première est exclusivement française. La transformation profonde du pays depuis la Libération l'avait rendu presque méconnaissable à ceux qui l'avaient connu avant la guerre. Pour une grande part, le scepticisme à l'égard de la thèse de la révolution bourgeoise découle de la comparaison entre la France modernisée, industrielle, *high-tech* et urbanisée d'aujourd'hui avec la France rurale et petite-bourgeoise du XIXe siècle ; entre la France des années 1940 avec ses 40 % de ruraux et celle des années 1980, où seulement 10 % de la population travaillent dans l'agriculture. La transformation économique du pays depuis la Seconde Guerre mondiale n'a absolument rien à voir avec 1789. Mais alors, pourrait se demander l'observateur, qu'a fait la révolution bourgeoise pour le développement du capitalisme ? La question n'est pas insensée, bien qu'on oublie un peu facilement que, au regard des standards du XIXe siècle, la France était dotée de l'une des économies les plus développées et industrialisées, et que le contraste avec d'autres économies capitalistes industrielles européennes entre 1870 et 1914 serait probablement tout aussi frappant.

L'idée que la Révolution française n'est plus d'actualité en France, un thème martelé d'un bout à l'autre du bicentenaire par François Furet notamment, l'affirmation qu'elle est « terminée », pour reprendre les conclusions de son livre, n'est compréhensible qu'en prenant la mesure de l'extraordinaire discontinuité inaugurée par la Ve République dans la vie politique française ; autrement dit, l'exceptionnelle continuité de la période 1789 à 1958. Pendant tout ce temps, la ligne de partage entre la droite et la gauche avait séparé ceux qui acceptaient 1789 de ceux qui le rejetaient, puis, avec la disparition de l'option bonapartiste (une sous-catégorie de la tradition révolutionnaire), ceux qui croyaient en la République et ceux qui la refusaient. La Seconde Guerre mondiale a marqué le basculement. À la différence de Pétain, dont le régime portait le sceau de la réaction anti-1789, de Gaulle, issu pourtant d'un milieu catholique traditionnel et monarchiste, est devenu le premier dirigeant de droite authentiquement républicain. Dès lors, la vie politique sous la Ve République s'est démarquée de celle des précédentes, même si certains aspects de la

IVe République, comme l'élimination temporaire de la vieille extrême droite et la prééminence (temporaire, elle aussi) d'un parti démocrate-chrétien, avaient pu faire penser qu'on s'écartait déjà de la « tradition ». La gauche républicaine était certes sortie de la guerre plus forte que jamais ; et, quelles que soient les tendances – radicale, socialiste ou communiste –, avait fusionné dans l'enthousiasme la tradition de 1789 avec celle de la Résistance, que toute une génération considérait comme la légitimation idéologique de la France d'après guerre. Toutefois, dans ses formes organisées, cette gauche déclina rapidement ou se retrouva isolée. Le parti radical-socialiste, pivot de la IIIe République, était tombé en déliquescence malgré les efforts de Pierre Mendès France pour enrayer son déclin. Le parti socialiste avait à peine survécu à la IVe République et donnait l'impression qu'il allait disparaître, jusqu'à l'intervention de François Mitterrand pour lui redonner vie au début des années 1970 sous une forme qui n'avait plus grand-chose à voir avec la vieille Section française de l'Internationale socialiste (SFIO). Le parti communiste enfin s'était maintenu pour une génération dans une sorte de ghetto ou de forteresse, en tentant de tenir à distance le XXe siècle finissant, mais son déclin dans les années 1980 n'en fut que plus spectaculaire. Dès lors, il n'est guère étonnant qu'après guerre les jeunes surdoués de l'École nationale d'administration ou autres technocrates de la politique et commentateurs patentés aient vu la Révolution française comme une affaire bien éloignée de la politique française contemporaine.

Pour autant, jusqu'aux années 1940, ce n'était pas le cas. Je peux témoigner personnellement que la Révolution semblait vraiment à portée de main des jeunes gens, qui (comme l'auteur de ces lignes) chantaient la *Carmagnole* dans les manifestations du Front populaire ! Un lien en trois temps unissait cette jeunesse révolutionnaire à Gracchus Babeuf et sa *Conspiration pour l'égalité*, dont le souvenir avait été si bien entretenu par Philippe Buonarroti (1761-1835) [29]. Buonarroti, qu'on a décrit comme le « premier révolutionnaire professionnel », fut l'initiateur des avant-gardes révolutionnaires, des sociétés secrètes dont Auguste Blanqui (1805-1881) devint le leader et l'inspirateur, transformant le peuple jacobin en « prolétariat » du XIXe siècle [30]. La Commune de Paris de 1871 fut un bref moment de triomphe pour ces communistes français prémarxistes. Leur dernier représentant, le communard Zéphyrin Camélinat (né en 1840) n'est mort qu'en 1932. Il était membre du parti communiste.

De plus, l'historiographie universitaire de la Révolution française n'était-elle pas l'enfant naturel de cette IIIe République, dont la survie politique ne fut assurée que par l'alliance des descendants du libéralisme de 1789 et du jacobinisme de 1793 contre les ennemis de la Révolution et de la République ? Les trajectoires biographiques des grands historiens qui ont contribué à son développement et à son approfondissement le confirment. Tous étaient des hommes du peuple, issus de familles de paysans, d'artisans, d'ouvriers ou – plus fréquemment – des fils d'instituteurs (Vovelle), des pupilles de la nation (Soboul), élevés par ceux qu'on appelait aussi les « hussards noirs de la République ». Ils ont atteint les sommets de la réussite académique en empruntant la voie étroite mais néanmoins accessible que garantissait au talent le système républicain. Ils n'espéraient pas les honneurs, mais simplement poursuivre leurs travaux académiques tout en enseignant dans les collèges et les lycées du secondaire pendant une grande partie de leur carrière. Ils n'étaient pas différents des Français que *Le Canard enchaîné*, qui faisait alors figure d'organe « théorique » de la République, pouvait voir comme son lectorat : majoritairement des hommes (et certainement pas encore des femmes), employés des Postes, vivant dans des villes comme Limoges, animés d'une haine tenace contre le clergé et le « grand capital », buvant leur vouvray et leur juliénas au café du coin, exprimant une certaine réticence à payer des impôts – par définition excessifs – et affichant une opinion cynique à l'égard des sénateurs radicaux-socialistes. Que cette France semble lointaine aujourd'hui, à l'heure où même les auteurs les plus passionnément attachés à la tradition révolutionnaire ironisent comme Régis Debray devant la « France jardinière de 1930, ce douillet hexagone des côteaux et du bocage, des élus locaux et des trois cents fromages auxquels le radicalisme a attaché son bonnet phrygien et Jean Giraudoux ses métaphores [31] ».

Ces historiens appartenaient à la France d'avant la reconstruction, la France à l'ancienne, prétechnologique si l'on veut. Mathiez gardait le contact avec le reste du monde sans téléphone. Lefebvre ne possédait pas de machine à écrire et ne savait d'ailleurs pas taper [32]. Ils n'étaient ni riches ni à la mode. Originaires de villes de province, ils sont venus à Marx par un cheminement qui n'a rien de théorique, celui de l'homme du peuple cherchant la position la plus extrême sur l'échiquier politique.

La France de Mathiez et Lefebvre ne ressemble en rien à celle d'aujourd'hui. Désormais le *jeune cadre*[a] dynamique et l'intellectuel médiatique sont des figures bien plus centrales que l'instituteur. Les classes préparatoires aux écoles normales supérieures (non parisiennes), ces institutions prestigieuses censées être accessibles aux jeunes gens issus des milieux modestes, sont de plus en plus monopolisées par les enfants des classes moyennes supérieures[33]. Dans ces circonstances, il n'est guère surprenant que la Révolution paraisse aujourd'hui considérablement plus éloignée des réalités françaises qu'elle ne l'était dans les années 1930. Je ne parle même pas du début du XXe siècle quand, au lendemain de l'affaire Dreyfus, la vie politique française semblait toujours habitée par le combat des vainqueurs de la Bastille et de leurs détracteurs. Même Paris, la ville de la Révolution par excellence, est aujourd'hui une capitale embourgeoisée, peuplée par les classes supérieures et vers laquelle convergent quotidiennement pour leur journée de travail ceux qu'on a un temps appelés « le peuple », avant de rentrer dans les banlieues et les villes satellites, laissant le soir venu les rues vides et les bistrots déserts. À l'heure du bicentenaire, le locataire de l'Hôtel de Ville était l'ancien Premier ministre conservateur Jacques Chirac, le leader de la droite française. Son parti contrôlait non seulement la mairie mais également la totalité sans exception des vingt arrondissements constituant la capitale. Comment l'histoire de la Révolution aurait-elle pu rester à l'écart de ces transformations alors que le pays avait tellement changé ?

À l'étranger, le révisionnisme historique était beaucoup moins politisé, en tout cas depuis l'époque de Cobban, dont la réaction contre Lefebvre ne peut se comprendre que dans le contexte de la crainte des libéraux face à la montée du communisme et de l'expansion soviétique durant les premiers temps de la guerre froide. Cobban était tellement engagé dans cette confrontation qu'il mit tout en œuvre pour court-circuiter les possibilités de carrière au Royaume-Uni de son élève, l'historien communiste George Rudé, le contraignant à partir en Australie puis plus tard au Canada. Depuis, aucun chercheur révisionniste n'a été motivé par de telles passions. Cela dit, comment

a En français dans le texte.

expliquer alors le recul général de l'interprétation classique depuis un quart de siècle ?

L'une des raisons est à chercher bien sûr dans l'évolution de la discipline historique et dans le développement de la profession : ce que Crane Brinton dans son compte rendu de Cobban définissait comme « la contrainte – aucun terme moins fort ne conviendrait – qui pèse sur les épaules de l'historien, et particulièrement sur celles du jeune chercheur essayant de se faire un nom, d'être original [...]. De la même façon que l'artiste inspiré, disait Brinton, l'historien créatif doit de nos jours produire quelque chose de neuf du point de vue de l'"interprétation". Il doit, en quelque sorte, être révisionniste [34] ». La Révolution française n'est en aucun cas le seul champ historique dans lequel l'incitation à produire une version révisionniste, c'est-à-dire rejeter la vision établie, est irrésistible. Mais le phénomène y est particulièrement visible parce que la Révolution est un élément central du paysage historique, et, plus encore, parce que son étude dans les universités britanniques et américaines a été beaucoup plus poussée que d'autres épisodes de l'histoire de pays étrangers. Cela n'explique cependant pas tout.

Le libéralisme anticommuniste reste évidemment un facteur d'importance, et ce depuis que Jacob L. Talmon a commencé à explorer cette ligne de pensée dans son ouvrage *Les Origines de la démocratie totalitaire*, publié à la fin des années 1940 [35]. Ce serait une erreur que de sous-estimer le sentiment, perceptible chez certains historiens libéraux, que le jacobinisme doit être rejeté à cause de l'idéologie qu'il a enfantée. Cette position est néanmoins plus facile à comprendre quand elle est exprimée par des intellectuels venus de pays communistes. Ainsi, de toute évidence, le *Danton* du réalisateur Andrzej Wajda, sorti en 1982, ne concerne pas tant le Paris de l'an II que le Varsovie du début des années 1980.

Les éléments que nous avons mentionnés concernant le cas français peuvent aider à expliquer la montée du révisionnisme à l'étranger, où il a toutefois provoqué beaucoup moins d'animosité politique, idéologique et personnelle qu'à Paris. Dans une certaine mesure, l'examen du contexte du révisionnisme étranger est plus éclairant, car il permet de voir que le phénomène dépasse la question du recul international du marxisme. Comme on l'a vu, le marxisme a intégré à son modèle explicatif de la transformation révolutionnaire à la fois la tradition libérale française et l'historiographie républicaine du XXe siècle. À la fin de la Seconde Guerre mondiale, une version monolithique et centralisée du marxisme, incarnée par des partis communistes alignés sur Moscou, a connu son apogée. Ces partis eux-mêmes, après la période la plus glorieuse de leur histoire, avaient atteint des proportions, un pouvoir et une influence maximum – notamment pour ce qui est de l'aile gauche des milieux intellectuels européens. En pratique, le « marxisme », c'était l'ensemble de doctrines que je viens de mentionner, dans la mesure où les autres organisations revendiquant leur attachement à la théorie marxienne étaient – à de rares exceptions près – politiquement négligeables et que les théoriciens non orthodoxes à l'extérieur ou à l'intérieur des partis communistes étaient généralement isolés et marginalisés, même au sein de l'extrême gauche[36]. En 1946-1948, l'unité antifasciste, qui avait rendu possible cette ascension, se fissura visiblement mais, paradoxalement, la première guerre froide aida plutôt à consolider le camp communiste (de fait, marxiste), jusqu'à l'apparition de tensions à Moscou même à partir de 1956.

Les crises hongroise et polonaise ont conduit à un exode massif des intellectuels des partis communistes occidentaux même s'ils n'ont pas forcément tous tourné le dos à la gauche ou même à la gauche marxiste. Au cours des quinze années qui ont suivi, le marxisme est devenu politiquement pluraliste. On a assisté à de nombreuses scissions au sein des partis communistes, à la constitution de groupes marxistes dissidents, qui ont ensuite acquis une certaine importance politique (par exemple, les sectes rivales du trotskisme), à l'apparition de nouveaux groupes révolutionnaires attirés par ce qui constitue l'idéologie de la révolte et de la révolution par excellence, et enfin d'autres mouvements ou courants d'extrême gauche sans structure organisationnelle claire où Marx se trouve en concurrence avec ceux qu'il aurait vus comme les héritiers de Bakounine. Les vieux partis communistes orthodoxes, plus ou moins alignés sur Moscou, restaient de loin la composante la plus importante de la gauche marxiste dans le monde occidental, mais, même en leur sein, le marxisme cessait de viser l'unité monolithique pour laisser la place à une grande variété d'interprétations, associées souvent à de célèbres auteurs marxistes du passé jusqu'alors marginalisés, ou cherchant à marier Marx avec différentes doctrines académiques à la mode.

L'extraordinaire démocratisation de l'enseignement supérieur a permis la constitution d'une masse d'étudiants et d'intellectuels dans une proportion beaucoup plus large, quantitativement et qualitativement, que jamais auparavant, aboutissant à la radicalisation politique des années 1960, mais également à l'émergence d'un goût inhabituel pour les lectures et les discussions théoriques, ou au moins pour l'utilisation d'un jargon fondé sur une phraséologie empruntée aux théoriciens universitaires. Paradoxalement, le pic de cette nouvelle floraison parfois confuse d'écrits et de lectures marxistes a coïncidé avec le sommet de la phase de prospérité globale des Trente Glorieuses. Dans les années 1970 et 1980, la gauche marxiste a enregistré un repli tant politique qu'idéologique. La crise touchait alors non seulement le marxisme non gouvernemental, mais aussi les doctrines rigides et officielles des régimes communistes (lesquels de toute façon ne partageaient plus une seule et unique version dogmatique de leur religion d'État). Comme partie du pedigree marxiste, la Révolution française fut une victime évidente de ce processus.

Dans un sens plus général, les profondes transformations sociales, économiques et culturelles survenues sur la planète depuis 1950 – et notamment dans les pays capitalistes – imposaient à la gauche marxiste, ou plutôt aux gauches marxistes de plus en plus divisées et éphémères, un examen de conscience majeur. La position du prolétariat industriel dans l'activité économique était en train de changer, bouleversant peu à peu la théorie : si celui-ci avait montré quelques velléités de renverser le capitalisme, il ne semblait plus suffisamment puissant pour endosser le rôle de véritable fossoyeur du système. Bref, la transformation des structures et des perspectives du capitalisme commençait à ronger la conception traditionnelle des révolutions bourgeoises et prolétariennes, dont l'interprétation classique de la Révolution française était devenue une part intégrante. Dans les années 1960, quelques marxistes (en Angleterre, par exemple) commencèrent à s'intéresser à la question de ce qui constituait exactement une révolution bourgeoise. Ils se demandèrent notamment si de telles révolutions amenaient nécessairement une bourgeoisie au pouvoir. Dès lors, on put observer un recul des positions classiques[37].

Remarquons toutefois que cette question n'a pas seulement attiré l'attention des marxistes. Le problème de la révolution bourgeoise s'est retrouvé au centre d'un ensemble de débats entre des historiens qui n'étaient pas du tout marxistes (imperceptiblement, un grand nombre de problématiques et d'analyses marxiennes ont été assimilées au cours des cinquante dernières années par les historiens les plus sérieux), jusqu'à s'imposer dans les discussions sur les origines du nazisme au cours des années 1960 et 1970. Si l'on pouvait parler d'un *Sonderweg* ayant conduit Hitler au pouvoir, c'était à cause de la révolution bourgeoise manquée de 1848. À la différence des libéralismes anglais et français, qui avaient derrière eux une révolution victorieuse – bourgeoise ou autre –, le libéralisme allemand ne disposait d'aucune conquête historique à laquelle s'adosser. Inversement, les opposants à la thèse du *Sonderweg* soutenaient que la bourgeoisie allemande avait en réalité obtenu la société à laquelle elle aspirait tout en s'épargnant les aléas de la lutte révolutionnaire [38]. La vraie question n'était donc pas tant celle de la révolution que celle des objectifs de la bourgeoisie. L'historien (de gauche) Arno Mayer jugeait que l'Ancien Régime survivait toujours en Europe à la fin du XIXe siècle [39], soutenant avec conviction que, au sein même de la première économie industrielle européenne, les industriels n'étaient ni la classe dirigeante, ni les plus riches, ni les plus influents des membres de la classe moyenne [40]. Mais dans les faits, quelle était la nature de la bourgeoisie du XIXe siècle ? L'histoire sociale, qui, pendant toute une génération, s'est concentrée sur l'étude de la classe ouvrière, découvre aujourd'hui qu'elle ne connaît pratiquement rien de la bourgeoisie et entreprend enfin de remédier à cette ignorance [41].

La question était loin d'être strictement académique. Ainsi, dans la Grande-Bretagne de Margaret Thatcher, les partisans de son néolibéralisme radical expliquaient que le déclin de l'économie britannique avait été causé par l'échec du capitalisme anglais à rompre définitivement avec un passé non capitaliste et aristocratique, dont les valeurs et les usages gênaient la marche de l'économie de marché ; Thatcher devait donc terminer la révolution bourgeoise laissée en plan par Cromwell [42]. (Paradoxalement, cette argumentation converge avec une ligne défendue à leurs propres fins par une tendance des marxistes britanniques.)

En somme, le révisionnisme affectant l'histoire de la Révolution française n'est qu'un aspect d'un révisionnisme plus large, qui porte sur le processus de développement de l'Occident – puis du monde entier – dans l'ère du capitalisme. Ce phénomène ne touche pas seulement l'interprétation marxiste, mais bien d'autres lectures historiques de ces processus, car, à la lumière des changements plutôt extraordinaires qui ont transformé le monde depuis 1945, tous semblent nécessiter aujourd'hui un effort de relecture. On ne connaît pas de précédent historique à des mutations aussi rapides, aussi profondes et – en termes socioéconomiques – aussi révolutionnaires, sur une période aussi courte. Tout ce qui, jusque-là, était resté dans l'ombre apparaît au grand jour avec cette expérience contemporaine. Tout ce que l'on prenait pour argent comptant semble désormais questionnable. En outre, ce ne sont pas seulement les origines historiques et le développement de la société moderne qui demandent à être reconsidérés, mais les objectifs de ces sociétés tels que définis depuis le XIXe siècle par les régimes capitalistes (et depuis 1917 socialistes) modernes ou en voie de modernisation – notamment l'objectif de progrès technologique et de croissance économique illimités. Les débats autour de ce que l'on a traditionnellement (et légitimement) considéré comme un épisode central du développement du monde moderne, et comme l'une de ses étapes les plus importantes, doivent être appréhendés dans le contexte plus large de la fin d'un XXe siècle qui réexamine son passé et son futur possible à la lumière de la transformation du monde. Mais pourquoi la Révolution française devraitelle être rétrospectivement le bouc émissaire de notre incapacité à comprendre le présent ?

Révisionnisme ou non, n'oublions pas cependant ce qui était évident pour tout individu cultivé du XIXe siècle et qui me semble toujours incontestable : la centralité et la pertinence de la Révolution. Le fait qu'après deux cents ans, elle a été pendant toute une année au centre de débats politiques et idéologiques passionnés dans le monde académique et dans le grand public le prouve. On ne se mettrait pas en colère pour des problèmes qui ne sont plus d'actualité. À l'occasion de son bicentenaire, personne n'a pu réduire la commémoration de la Révolution française à une kermesse nationale, comme a pu l'être le bicentenaire des États-Unis, ni à une simple opération de communication du ministère du Tourisme. D'autant que l'événement a largement dépassé les frontières françaises. Dans une grande partie du monde, en effet, les médias ont donné aux célébrations un écho et une place rarement atteints par un événement étranger, auquel les universitaires, dans une proportion encore plus grande, ont réservé un traitement cinq étoiles. Tous ont à l'évidence commémoré la Révolution avec la conviction que son message faisait écho aux préoccupations contemporaines.

La Révolution française fut un ensemble d'événements suffisamment puissant et universel pour transformer le monde de façon radicalement *permanente*, pour avoir introduit ou du moins nommé des forces qui continuent de le changer.

Même en mettant de côté la France, dont l'organisation légale, administrative et éducative repose en grande partie sur les structures héritées de 1789, notamment les départements, les changements permanents dont l'origine remonte à la Révolution sont considérables. La moitié des systèmes juridiques du monde s'appuie sur le code qu'elle a inventé, tout comme notre vocabulaire politique moderne. Même des pays aussi éloignés de 1789 que la République islamique d'Iran, sont en fait des États nationaux organisés sur le modèle élaboré par la Révolution française [43]. Les scientifiques du monde entier, ainsi que les lecteurs de ce livre, à l'exception des Américains, lui rendent hommage quotidiennement en utilisant le système métrique, qu'elle a inventé et propagé. Plus globalement, la Révolution française est devenue une part inaliénable des histoires *nationales* dans de grandes parties de l'Europe, de l'Amérique et même du Moyen-Orient, à travers l'influence directe qu'elle a exercée sur leurs territoires et leurs régimes – sans parler des modèles politiques et idéologiques qui en dérivent ou encore de l'inspiration ou de la peur qu'elle peut inspirer. Qui, par exemple, pourrait rendre compte de l'histoire de l'Allemagne depuis 1789 sans évoquer la Révolution ? Qui pourrait comprendre quoi que ce soit à l'histoire du XIXe siècle sans s'y référer ?

Car tout de même, si certains des modèles élaborés à la lumière de l'expérience française ou directement par elle ne nous semblent plus intéressants, aujourd'hui, d'un point de vue pratique, comme le concept de révolution bourgeoise – il serait toutefois peu prudent de dire la même chose de l'« État-nation » –, d'autres parmi ses innovations conservent tout leur potentiel politique. La Révolution française a permis aux hommes de prendre conscience du fait qu'ils peuvent changer le sens de l'histoire, leur offrant, soit dit en passant, ce qui reste à ce jour le slogan le plus puissant jamais formulé en faveur de la démocratie : Liberté, égalité, fraternité. Alors, démontrer que la plupart des Français et une majorité encore plus importante des Françaises n'ont probablement pas pris part à la révolution, y ont parfois été hostiles, ou dire que peu d'entre eux furent d'enthousiastes jacobins, ou même qu'elle a plus insisté sur le gouvernement « au nom du peuple » que « par le peuple » – ce qu'on peut observer dans la plupart des autres régimes depuis 1789 – n'épuise pas son impact historique. La Révolution française a révélé la puissance du peuple d'une façon qu'aucun gouvernement ne s'est jamais autorisé à oublier – ne serait-ce que par le souvenir d'une armée improvisée de conscrits non entraînés, mais victorieuse de la puissante coalition formée par les troupes d'élite les plus expérimentées des monarchies européennes.

En fait, le paradoxe du révisionnisme est qu'il cherche à diminuer la portée historique et la capacité de transformation d'une révolution, dont, à moins de cultiver un certain intellectualisme provincial[44] ou de souffrir de cette myopie monographique qui est la maladie professionnelle la plus répandue chez les chercheurs fréquentant les archives, l'impact extraordinaire et durable est absolument évident.

La souveraineté populaire, n'ayant rien de commun avec sa version domestiquée qu'on laisse s'exprimer périodiquement à l'occasion des élections au suffrage universel, a rarement l'occasion de se manifester et encore moins d'exercer son pouvoir. Par conséquent, le jour où elle le fait, comme ce fut le cas dans différentes parties du monde au cours de l'année du bicentenaire, transformant profondément les pays d'Europe de l'Est, c'est un spectacle absolument impressionnant. Aucune révolution avant celle de 1789 n'avait présenté le visage d'une rupture aussi effective et décisive, ce qui fit précisément basculer la France dans la Révolution. Car il ne peut pas y avoir de révisionnisme sur les faits suivants : « Jusqu'au début de l'été 1789, le conflit entre les "aristocrates" et les "patriotes" au sein de l'Assemblée nationale a ressemblé aux âpres combats sur les constitutions, auxquels on a assisté dans toute l'Europe depuis le milieu du siècle [...]. Quand le peuple est intervenu en juillet et en août 1789, il a transformé un conflit au sein des élites en quelque chose de très différent », provoquant en quelques semaines l'effondrement du pouvoir administratif, de l'État et des classes dominantes dans les campagnes[45]. Cet enchaînement irrésistible a donné à la Déclaration des droits de l'homme une résonance internationale beaucoup plus grande que les modèles américains qui l'avaient inspirée et a rendu les innovations françaises

– y compris son nouveau vocabulaire politique – plus facilement acceptables à l'étranger. Les ambiguïtés et les conflits attachés à la Révolution française sont nés de la force inattendue de l'intervention populaire, qui a fait de ce moment un événement épique, terrible, spectaculaire et apocalyptique, qui lui a donné en quelque sorte un caractère unique, à la fois effrayant et inspirant.

D'où la référence à cette décennie comme la « succession d'événements la plus terrible et capitale de toute l'histoire [46] ». D'où également la déférence de Thomas Carlyle devant la complexité du travail de l'historien : « Il me semble souvent, écrivait-il, que l'Histoire véritable de la Révolution française (cette chose impossible que j'entends par le mot Histoire) constitue le Grand Poème de notre Époque ; et que l'homme qui serait capable de lui rendre totalement justice, vaudrait tous les autres écrivains et tous les autres poètes [47]. » Face à une crise sans pareille, peut-on faire le difficile, isoler les périodes dignes d'éloges de celles qui ne les méritent pas ? La Révolution, le « point de départ pour l'histoire du XIXe siècle [48] », ne se situe pas dans telle ou telle séquence entre 1789 et 1815, elle est dans toutes à la fois.

Fort heureusement, elle est tenace. À l'heure où l'irrationalisme, le fanatisme religieux, l'obscurantisme et la barbarie se rappellent à nous, jamais sa devise, ses valeurs de raison, les Lumières – sur lesquelles s'est construite la civilisation moderne depuis la Révolution américaine – n'auront été aussi nécessaires. C'est une bonne chose qu'à l'occasion du bicentenaire l'occasion nous ait été donnée de réfléchir encore une fois aux événements extraordinaires qui bouleversèrent le monde il y a deux cents ans, pour le meilleur.

Annexe

Le texte que nous reproduisons ci-dessous est extrait des *Cahiers de Prison* d'Antonio Gramsci. Les *Cahiers* ont été rédigés par l'ancien leader communiste italien alors qu'il était maintenu en détention par la dictature fasciste de 1929 à 1934. Les passages sélectionnés révèlent comment un révolutionnaire marxiste de haut vol a su tirer parti de l'expérience et de la portée du jacobinisme de 1793-1794, à la fois dans des buts de compréhension historique et d'analyse politique contemporaine. Le point de départ de Gramsci est une série de réflexions sur le *Risorgimento* italien, dont le groupe le plus radical, le Partito d'Azione de Mazzini, est comparé de façon peu favorable aux jacobins. À l'exception de quelques observations intéressantes sur la question de savoir pourquoi la « bourgeoisie » n'est pas nécessairement la classe dirigeante des « régimes bourgeois », le texte se concentre essentiellement sur la comparaison (implicite) de deux avant-gardes historiques : les jacobins, dans le cadre de la révolution bourgeoise, et les bolcheviks, à l'époque de la révolution socialiste. Il est évident que Gramsci concevait la tâche des révolutionnaires non seulement en termes de classes, mais aussi (et peut-être avant tout) en termes de nation conduite par une classe.

Pour l'analyse des sources de son interprétation du jacobinisme – il s'agit surtout des écrits de Mathiez d'après la Première Guerre mondiale, qu'il a lus en prison – et pour un commentaire critique plus général, on se reportera à l'article de Renato Zangheri, « Gramsci e il giacobinismo », dans la revue italienne *Passato e Presente. Rivista di storia contemporanea*, janvier-avril 1989, p. 155-164.

> Au sujet du jacobinisme et du Partito d'Azione, voici un élément à mettre au premier plan : les jacobins ont conquis leur fonction de parti dirigeant par une lutte sans quartier. En fait, ils se sont « imposés » à la bourgeoisie française, en l'amenant sur des positions bien plus avancées que celles qu'auraient voulu « spontanément » occuper les noyaux bourgeois les plus forts initialement ; bien plus avancées même que ne pouvaient le permettre les conditions historiques, d'où les retours en arrière et la fonction de Napoléon Ier. Un trait caractéristique du jacobinisme [et avant lui de Cromwell et des « têtes rondes »], et donc de la Grande Révolution en général, c'est l'action d'un groupe d'hommes extrêmement énergiques et résolus, qui force (apparemment) la situation, crée irréversiblement des faits accomplis, en poussant les bourgeois à avancer à coups de pied au derrière. On peut « schématiser » les choses ainsi : le tiers état était le moins homogène des trois états, il comprenait une élite intellectuelle très disparate, et un groupe très avancé économiquement mais politiquement modéré. Les événements se développent suivant un processus des plus intéressant. Au début, les représentants du tiers état ne posent que les problèmes qui concernent les composantes physiques effectives du groupe social actuel, leurs intérêts « corporatifs » immédiats (« corporatif » au sens traditionnel du terme, c'est-à-dire les intérêts immédiats et égoïstes d'une catégorie étroite). Les précurseurs de la Révolution sont en effet des réformateurs modérés, ils font la grosse voix mais en réalité ils demandent bien peu de chose. Petit à petit se dégage une élite nouvelle qui ne s'intéresse pas seulement à des réformes corporatives, mais tend à concevoir la bourgeoisie comme groupe hégémonique à l'intérieur de toutes les forces populaires. Deux facteurs suscitent la formation de cette élite : la résistance des vieilles forces sociales et la menace internationale. Les vieilles forces ne veulent rien céder, et, quand elles cèdent quelque chose, elles le font pour gagner du temps et préparer une contre-offensive. Le tiers état serait tombé dans ces « embûches » successives sans l'action énergique des jacobins qui s'opposent à toute pause « suspensive » dans le processus révolutionnaire, et envoient à la guillotine non seulement les éléments de l'ancienne société lente à mourir, mais encore les révolutionnaires d'hier, aujourd'hui

devenus réactionnaires. Les jacobins furent pour cette raison le seul parti de la révolution en acte. Ils ne représentaient pas seulement les besoins et les aspirations immédiats des personnes physiques constituant à ce moment-là la bourgeoisie française ; mais ils représentaient le mouvement révolutionnaire dans son ensemble, comme processus historique intégral, parce qu'ils représentaient également les besoins futurs, là aussi, non seulement de ces personnes physiques déterminées, mais de tous les groupes nationaux qui devaient s'assimiler au groupe fondamental existant. Les jacobins, il faut insister là-dessus contre un courant tendancieux et au fond antihistorique, furent des réalistes à la Machiavel et non des abstracteurs. Ils étaient persuadés de la vérité absolue des formules sur l'égalité, la fraternité, la liberté et, ce qui est plus important, les grandes masses populaires que les jacobins suscitaient et amenaient à la lutte étaient persuadées elles aussi de cette vérité. Le langage des jacobins, leur idéologie, leurs méthodes d'action reflétaient parfaitement les exigences de l'époque, même si « aujourd'hui », dans une situation différente et après plus d'un siècle d'élaboration culturelle, ils peuvent sembler « abstraits » et « frénétiques ». Naturellement, ils les reflétaient à travers la tradition culturelle française, comme le montre l'analyse du langage jacobin dans *La Sainte Famille*, et comme le reconnaît Hegel, qui pose comme parallèles et interchangeables le langage juridico-politique des jacobins et les concepts de la philosophie classique allemande, à laquelle en revanche, de nos jours, on reconnaît un caractère extrêmement complet, et qui est la source de l'historicisme moderne. La première exigence était d'anéantir les forces adverses, ou du moins de les réduire à l'impuissance afin de rendre impossible une contre-révolution. La seconde exigence était d'élargir les cadres de la bourgeoisie en tant que classe, et de la mettre à la tête de toutes les forces nationales, en identifiant les intérêts et les exigences communs à toutes les forces nationales, pour mettre en mouvement ces forces et les mener au combat en obtenant deux résultats : a) opposer un front plus large aux coups des adversaires, c'est-à-dire créer un rapport de forces politique et militaire favorable à la révolution ; b) soustraire aux adversaires toute zone de passivité où il serait possible de recruter des armées vendéennes. Sans la politique agraire des jacobins, Paris aurait eu déjà la Vendée à ses portes. La résistance de la Vendée proprement dite est liée à la question nationale, envenimée chez les populations bretonnes et allogènes en général par la formule de la « république une et indivisible », et par la politique de centralisation bureaucratique et militaire, auxquelles les jacobins ne pouvaient renoncer sans se suicider. Les girondins tentèrent de jouer la carte du fédéralisme pour écraser le Paris jacobin, mais les troupes provinciales amenées à Paris passèrent aux révolutionnaires. Excepté dans certaines zones périphériques, où la distinction nationale (et linguistique) était très grande, la question agraire passa avant les aspirations à l'autonomie locale : la France rurale accepta l'hégémonie de Paris, elle comprit que pour détruire définitivement l'Ancien Régime elle devait faire bloc avec les éléments les plus avancés du tiers état, et non avec les modérés girondins. S'il est vrai que les jacobins « forcèrent la main », il est vrai aussi que cela eut toujours lieu dans le sens du développement historique réel, car non seulement ils organisèrent un gouvernement bourgeois (et firent de la bourgeoisie la classe dominante), mais ils firent plus, ils créèrent l'État bourgeois, ils firent de la bourgeoisie la classe nationale dirigeante, hégémonique, c'est-à-dire qu'ils donnèrent au nouvel État une base permanente, ils créèrent la compacte nation française moderne.

Que les jacobins, malgré tout, soient toujours restés sur le terrain de la bourgeoisie, c'est ce que démontrèrent les événements qui marquèrent leur fin en tant que parti de formation trop déterminée et trop rigide, et la mort de Robespierre. Ils ne voulurent pas reconnaître aux ouvriers le droit de coalition, maintinrent la loi Le Chapelier et, par conséquent, durent promulguer la loi du « maximum ». Ils brisèrent ainsi le bloc urbain de Paris : leurs forces d'assaut, qui se regroupaient dans la Commune, se dispersèrent, déçues, et Thermidor l'emporta. La révolution avait atteint ses limites de classes les plus larges ; la politique des alliances et de la révolution permanente avait fini par poser des problèmes nouveaux, qui ne pouvaient être résolus à ce moment-là, elle avait déchaîné des forces élémentaires que seule une dictature militaire devait réussir à contenir. [...]

S'il ne s'est pas formé de parti jacobin en Italie, il faut en chercher les raisons dans le domaine économique, c'est-à-dire dans la faiblesse relative de la bourgeoisie italienne, et dans le changement du climat historique en Europe après 1815. La limite à laquelle se heurtèrent les jacobins, avec la loi Le Chapelier et la loi sur le « maximum », dans leur politique de réveil forcé des énergies populaires pour les rallier à la bourgeoisie, apparaissait dès 1848 comme un « spectre » menaçant, savamment utilisé par l'Autriche, les vieux gouvernements et même par Cavour (et par le Pape). La bourgeoisie ne pouvait (peut-être) plus étendre son hégémonie sur les vastes couches populaires qu'elle put en revanche embrasser en France [elle ne le pouvait pas pour des raisons subjectives, non objectives], mais l'action sur les paysans était certainement toujours possible.

Différence entre la France, l'Allemagne et l'Italie dans le processus de prise du pouvoir par la bourgeoisie (et en Angleterre). C'est en France qu'on trouve le processus le plus riche en développements et en éléments politiques actifs et positifs. En Allemagne le processus se déroule sous des aspects en partie semblables à ceux de l'Italie, en partie à ceux de l'Angleterre. Le mouvement allemand de 1848 échoue à cause du manque de concentration de la bourgeoisie (le mot d'ordre de type jacobin fut donné par l'extrême gauche démocrate : « révolution permanente »). Il échoue aussi parce que le problème du renouvellement de l'État se complique de la question nationale ; les guerres de 1864, 1866 et 1870 résolvent à la fois la question nationale et la question de classe selon une formule intermédiaire : la bourgeoisie obtient le gouvernement économico-industriel, mais les anciennes classes féodales demeurent la caste gouvernante de l'État politique, avec de grands privilèges corporatifs dans l'armée, dans l'administration et dans la propriété terrienne. Mais, au moins, si ces anciennes classes conservent tant d'importance en Allemagne et jouissent de tant de privilèges, elles exercent une fonction nationale, elles deviennent les « intellectuels » de la bourgeoisie, avec le tempérament particulier que leur confèrent leur origine de classe et la tradition. En Angleterre, où la révolution bourgeoise a eu lieu plus tôt qu'en France, nous avons comme en Allemagne un phénomène de fusion entre l'ancien et le nouveau, et cela malgré l'énergie extrême des jacobins anglais (les « têtes rondes » de Cromwell). La vieille aristocratie reste la caste dominante, avec certains privilèges, elle devient elle aussi la caste intellectuelle de la bourgeoisie anglaise (du reste l'aristocratie anglaise est ouverte et se renouvelle continuellement avec des éléments issus des couches intellectuelles et de la bourgeoisie). [...] En Allemagne [...], malgré le grand développement capitaliste, [...] le rapport de classes créé par le développement industriel (l'hégémonie bourgeoise atteignant son point limite, et les positions des classes progressistes étant inversées) a conduit la bourgeoisie à ne pas lutter à fond contre l'Ancien Régime, mais à en laisser subsister en partie la façade afin d'abriter derrière elle sa domination réelle.

Antonio GRAMSCI

« Cahier n° 19 » (traduit par Claude Perrus), *in* Antonio GRAMSCI, *Cahiers de prison*

Postface inédite

Que s'est-il passé dans l'historiographie de la Révolution française depuis 1989 ? L'évolution la plus frappante de ces dernières années est certainement la disparition de la version de l'histoire révolutionnaire formulée pour (ou plutôt contre) le bicentenaire par François Furet. Comme le fait remarquer Jay Smith [1], la « révolution furétienne » dans sa forme extrême – incluant à la fois le rejet total des facteurs socioéconomiques et le déni de la portée historique de l'événement et de ses réalisations – est aujourd'hui terminée. Elle a cependant laissé un héritage regrettable. En France, l'intérêt et la recherche historique liés à la Révolution semblent avoir considérablement diminué depuis 1989 [2]. Ce n'est manifestement pas le cas dans le monde anglophone (États-Unis, Grande-Bretagne, Australie), où la génération de chercheurs inspirée par des historiens de langue anglaise spécialistes de la période révolutionnaire tels Richard Cobb, George Rudé et Lynn Hunt continue de la questionner et de l'analyser.

Même les thèmes classiques de l'historiographie révolutionnaire traditionnelle sont présentés au lectorat anglophone sur un mode qui récuse le registre de l'horreur politique pour lui préférer l'explication dépassionnée, comme en témoignent les ouvrages de David Andress sur la Terreur [3] et de la politiste Ruth Scurr au sujet de Robespierre [4].

Il est vrai que la plupart des recherches et des relectures apportées à l'histoire de la Révolution, y compris celles utilisées par Furet pour atteindre ses propres objectifs, furent longtemps le fruit du travail de spécialistes étrangers, comme je l'ai montré dans ce livre. Néanmoins, il est important de noter qu'aucun signe n'indique que ces chercheurs se détournent aujourd'hui des études révolutionnaires. À vrai dire, ce serait plutôt le contraire. Depuis 2000, en plus des titres que je viens de mentionner, des livres importants traitant de l'histoire de la Révolution française ont été publiés par David Andress (Royaume-Uni, 2004), David Bell (États-Unis, 2001), Michael Fitzsimmons (É-U, 2003), Alan Forrest (R-U, 2002), David Garrioch (Australie, 2002), Colin Jones (R-U, 2002), Peter Jones (R-U, 2003), Jay Smith (É-U, 2005), Peter McPhee (Australie, 2002) et Timothy Tackett (É-U, 2003) [5]. À ces ouvrages, il convient d'ajouter la vingtaine d'articles de qualité qu'a recensés dernièrement l'auteur d'un excellent article consacré à l'état de l'historiographie de langue anglaise sur la Révolution française [6]. À l'évidence, la Révolution française constitue toujours à l'étranger un élément important de la scène historique, et son historiographie reste bien vivante. Alors que j'écris ces lignes (le 14 juillet 2007), le moteur de recherche Google version anglophone propose 25 900 000 références sur le sujet. Interrogé le même jour, Google version française en remonte 3 350 000 (en comparaison, les recherches par Google en allemand et en italien en restituent approximativement 1 million et demi chacune, tandis que celle en espagnol en comptabilise 2,1 millions).

Bien évidemment, le nombre des lecteurs et celui des historiens est beaucoup plus important dans le monde anglophone que partout ailleurs. À elle seule, l'American Historical Association rassemble 18 000 membres. Là n'est toutefois pas l'unique explication à cet intérêt remarquable des Anglo-Saxons pour la Révolution française. Il faut notamment prendre en compte le fait que, à la fois en Grande-Bretagne et aux États-Unis, elle fait partie intégrante de l'héritage intellectuel et littéraire, bien que de façon différente [7]. *Un conte de deux villes* de Dickens [a] appartient à

a Ndt. L'histoire de ce roman se déroule entre Londres et Paris sur fond de Révolution française.

l'*acquis*[a] culturel britannique, se situant au même niveau que *Les Misérables* en France. Autre donnée au moins aussi importante, la Révolution française demeure, aux yeux des historiens, un événement historique majeur, qui n'a pas seulement secoué le monde mais l'a aussi transformé. Le traitement historique de la Révolution a inévitablement changé et évolué. Et pourtant, quelles que soient les différences entre les historiens postérieurs à Furet, quelles que soient leurs innovations méthodologiques et conceptuelles, tous fondent leurs travaux sur l'hypothèse que la Révolution est un jalon exceptionnel dans l'histoire du monde moderne. Quels que soient les arguments développés sur ses origines véritables, sur son histoire et ses conséquences : « Il y a, comme le dit l'auteur d'un manuel historique rédigé après le bicentenaire, une qualité universelle propre à la Révolution française, qu'on ne peut rattacher à aucune autre convulsion de l'Europe. Ce fut vraiment l'événement qui donna son sens profond au mot "révolution", à savoir non pas un simple soulèvement politique, mais le renversement total d'un système de gouvernement, de ses fondations sociales, économiques et culturelles[8]. » Elle conserve, ajoute-t-il, « sa centralité en expliquant la genèse du monde contemporain[9] ».

Successeur des plus éminents défenseurs de la tradition de l'historiographie révolutionnaire française et s'exprimant à ce titre, même Michel Vovelle reconnaît qu'il ne peut y avoir de retour à la vieille orthodoxie telle qu'elle fut formulée par Soboul[10]. (Lui même – dans un numéro spécial de *French History* publié en son honneur[11] – est considéré, au même titre que E. P. Thompson ou Carlo Ginzburg, comme un « nouvel » historien, tourné vers le culturel et ayant lié l'histoire classique et la nouvelle histoire culturelle pour le bénéfice des deux.) Les nombreuses évolutions de la mode historiographique depuis les années 1970 ne sauraient en elles-mêmes être identifiées, ou nécessairement conduire à la croisade furétienne contre la Révolution française, que l'on pense au déclin relatif de l'histoire économique, au passage d'une « histoire sociale » souvent trop sommairement définie à une « histoire culturelle » tout aussi imprécise, au prétendu « tournant linguistique », ou encore à l'abandon de l'explication pour la

a En français dans le texte.

« description dense » geertzienne. Néanmoins, le style du discours historique a changé.

Par conséquent, il serait pour le moins surprenant que les historiens écrivent en 2007, au sujet de n'importe quel phénomène historique, dont la Révolution française, à la même manière dont ils le faisaient en 1967. Des concepts aussi influents que la « culture politique », la « sphère publique » (Habermas), la « société civile », l'analyse du discours (notamment concernant l'évolution du sens des mots au cours d'une période), la nouvelle « histoire des sentiments » et enfin l'accent mis sur les « pratiques », les actions et les motivations des individus au cœur d'un contexte historique marqué par le changement constitueront sans nul doute une contribution importante et utile à la structure des études révolutionnaires. En réalité, c'est déjà le cas. À la lumière de ces nouvelles tendances de l'historiographie, il est devenu de plus en plus évident que la Révolution est née d'une histoire – économique, sociale, culturelle, intellectuelle – de *longue durée*[a], celle du XVIIIe siècle français, et qu'elle associe la continuité à la rupture et à l'innovation. L'hypothèse est plus frappante encore quand il s'agit de réfléchir aux origines intellectuelles de l'explosion révolutionnaire ou d'étudier un champ qui selon moi est toujours trop peu prospecté : la paysannerie et la vie rurale.

Les travaux de William Sewell sur la rhétorique des sans-culottes[12], ou le livre de Timothy Tackett, *Par la volonté du peuple*[13] constituent deux très bons exemples de cette approche élargie et complexifiée de l'histoire révolutionnaire. Tackett montre comment les députés élus à l'Assemblée nationale en 1789 et montés à Paris en emportant les croyances, les sentiments, les systèmes de valeurs, les façons de penser et l'expérience politique qui leurs étaient propres, ont *appris* à l'école de la « dynamique révolutionnaire » de cet été-là à devenir des révolutionnaires.

Ce n'est pas le lieu où procéder à l'examen détaillé de la tendance générale qui caractérise ces travaux publiés après le bicentenaire. Cependant, une chose est sûre : la tentative pour éliminer l'élément social de toutes les analyses ou interprétations de la Révolution a dû être abandonnée. Ainsi le « social » a-t-il retrouvé une place essentielle au sein de l'histoire de la Révolution, mais une place qui ne suppose

---

a En français dans le texte.

plus la séparation, encore moins l'opposition, avec le culturel, le politique et la sphère des idées et des sentiments. (Vovelle rapporte l'anecdote du grand Labrousse grommelant à l'oreille de Pierre Vilar : « Comme si toute histoire n'était pas sociale [14]... ») Ce retour en grâce n'est guère surprenant, la Révolution française ayant développé, codifié et mis en place, parmi tant d'autres concepts politiques caractéristiques du monde contemporain, la division tripartite de la réalité humaine collective entre l'économique, le social et le politique, un découpage qui façonne toujours le discours public... Même les partisans les plus en vue de l'histoire culturelle et linguistique, tels Lynn Hunt et Keith Baker, opèrent un retour de plus en plus marqué au social, quoique selon une formulation quelque peu abstraite, comme chez L. Hunt, pour qui la Révolution « a rendu le social et le politique plus visibles au monde [15] ». Dans le même temps, même le vieux concept de « révolution bourgeoise » a repris du service et retrouvé une utilité analytique, quoique dans une acception plus sophistiquée qu'autrefois. Retournant au social en empruntant le chemin de l'histoire culturelle, Colin Jones attribue largement la réussite de la France du XVIIIe siècle symbolisée par une économie florissante et dynamique, à sa « bourgeoisification » relative. Il conclut que l'expression « révolution bourgeoise » conserve de sa valeur et qu'elle ne peut tout simplement pas être exclue de l'analyse des origines de la Révolution française [16]. Les deux livres de David Garrioch, *The Formation of the Parisian Bourgeoisie* (1996) [17] et *The Making of Revolutionary Paris* (2002) [18] retracent la transformation des *vieux bourgeois de Paris* [a], ensemble hétérogène de groupes composant les strates moyennes de la société, en une véritable classe sociale, capable de définir ses intérêts d'abord localement puis en tant que citoyens de Paris et finalement à l'échelle nationale. Dans ce processus que décrit Garrioch, l'impact de la Révolution apparaît comme décisif. Elle a donné à cette « bourgeoisie en formation » mais déjà numériquement puissante une perspective politique, qui a rendu possible le contrôle par ses membres de la Révolution dans la capitale et cela même sous la Terreur. En somme, la Révolution a appris aux classes moyennes à se considérer comme la « bourgeoisie » au sens que lui donnera le XIXe siècle, mais aussi, en

a En français dans le texte.

retour, à voir rétrospectivement la Révolution comme le mythe fondateur de celle-ci.

Quelle direction prendra l'historiographie de la Révolution française dans les prochaines décennies ? Elle n'opérera certainement pas un retour à l'historiographie des années 1960, mais l'on peut espérer que certains redescendront des hauteurs stratosphériques dans lesquelles la « *cultural theory* », l'épistémologie ou la croyance dans l'autonomie des idées les avaient emportés pour revenir au territoire plus familier de la recherche et de l'explication historiques. Pas plus que l'Antiquité classique, la Révolution française n'est un sujet de réflexion et d'innovation historique épuisé, elle est par ailleurs beaucoup mieux documentée. Les hommes continueront à la redécouvrir, à la réinterpréter et à l'explorer comme ils l'ont toujours fait depuis la chute de la Bastille.

Cela dit, une chose semble claire à propos de l'avenir des études révolutionnaires après le bicentenaire : l'épisode furétien est terminé. Son échec à établir une quelconque interprétation ou explication convaincante de la Révolution n'a pu être complètement dissimulé par l'intensité de sa passion oratoire. Caractéristique de son temps dans un contexte de crise de la vie intellectuelle française, ce fut une tentative pour démontrer l'insignifiance, l'arbitraire, l'irrépressible descente dans la violence et l'échec inévitable de toutes les révolutions, notamment la française, en mêlant les polémiques liées à la guerre froide et au néolibéralisme. En réalité, ce fut surtout un exercice d'un provincialisme tout hexagonal. En portant un regard rétrospectif sur cette façon de faire de l'histoire comme on instruit un procès à charge, on est stupéfait par le manque d'intérêt qu'elle révèle pour ce qui, hors de France, est évident à tous, à savoir l'impact incommensurable et immédiat de la Révolution française à l'étranger – L. Hunt a montré que le nombre de livres anglais dont le titre comprend le mot « *rights* » (droits) a littéralement explosé avec la Révolution en passant de 95 dans les années 1780 à 418 dans les années 1790[19] –, ainsi qu'à l'égard de l'influence des idées révolutionnaires et des institutions et conquêtes napoléoniennes à l'échelle mondiale – sur le court et le long terme. La Révolution française a créé la langue dans laquelle nous évoquons la politique contemporaine et les affaires publiques. L'histoire des cent cinquante années qui ont suivi 1789 en Europe, dans le monde ibérique et dans les régions occidentales de l'islam pourrait être écrite en se contentant de références marginales à la Révolution américaine, mais elle sera toujours incompréhensible sans la référence constante à la Révolution française, à son influence et à l'héritage intellectuel et matériel qu'elle a laissé.

Et tout cela n'est pas fini. La majorité des États-nations fondés depuis la création de l'Organisation des Nations unies – leur nombre a quadruplé – continue de choisir des drapeaux formés de bandes de couleurs, inspirés de manière évidente par le drapeau tricolore français, comme l'a fait la Fédération de Russie postsoviétique. Comme en témoigne une recherche multilingue faite sur Google à partir de l'expression « Révolution russe », la mémoire de la révolution de 1789 a survécu plus vigoureusement que celle de la grande révolution de 1917, qui lui a succédé au XXe siècle[20].

Peut-être le temps est-il venu pour les Français de prêter à nouveau l'oreille aux échos universels de *La Marseillaise* et de les entendre aussi fortement qu'on les entend dans le reste du monde.

Eric J. Hobsbawm, 2007

Notes

Notes de la préface

1 Propos rapportés par *Le Monde*, 11 janvier 1988.
2 Jonathan CLARK, *Sunday Times* (book supplement), 21 mai 1989, p. 69.
3 Voir Eric J. HOBSBAWM, « The making of a bourgeois revolution », *Social Research*, 56, n° 1, 1989, p. 10-11.
4 « Schon mit einer gewissen Selbstvertändlichkeit gebraucht » (Ernst NOLTE, *Marxismus und industrielle Revolution*, Stuttgart, 1983, p. 24).

Notes du chapitre 1 : Une révolution bourgeoise

1 John Holland ROSE, *A Century of Continental History. 1780-1880*, Londres, 1895, p. 1.
2 *Allgemeine Geschichte vom Anfang der historischen Kenntnisz bis auf unsere Zeiten*, vol. 9, Braunschweig, 1848, p. 1-2.
3 *Ibid.*
4 Voir Barton R. FRIEDMAN, *Fabricating History. English Writers on the French Revolution*, Princeton University Press, Princeton, 1988, p. 117.
5 Voir François FURET et Denis RICHET, *La Révolution française*, Hachette, Paris, 1965-1966.
6 Eberhard SCHMIDT et Matthias MEYN, « Ursprung und Charakter der Französischen Revolution bei Marx und Engels », *in* Ernst HINRICHS, Eberhard SCHMIDT et Rudolf VIERHAUS (sous la dir. de), *Vom Ancien Regime zur Französischen Revolution*, actes du colloque de Göttingen, Vandenhoeck & Rupprecht, Göttingen, 1978, p. 588-649.

7 *Past & Present*, 60, 1973 ; et Douglas JOHNSON (sous la dir. de), *French Society and the Revolution*, Cambridge University Press, Cambridge, 1976, p. 90.

8 Lettre de Marx à Weydemeyer, 5 mars 1852, *in* Karl MARX et Friedrich ENGELS, *Correspondance*, vol. 3, 1852-juin 1853, Éditions sociales, Paris, 1972, p. 76-80 et lettre de Marx à Engels, 27 juillet 1854, *ibid.*, vol. 4, juillet 1853-juin 1857, 1974, p. 146-152.

9 Pierre Louis ROEDERER, « L'esprit de la révolution » (publication posthume), *in Œuvres du comte P. L. Roederer publiées par son fils A. M. Roederer*, Paris, 1854, vol. 3, p. 7, 10-11.

10 Marcel GAUCHET, « Les *Lettres sur l'histoire de France* d'Augustin Thierry », *in* Pierre NORA (sous la dir. de), *Les Lieux de mémoires*, vol. 2 : *La Nation*, Gallimard, Paris, 1986, p. 271.

11 Augustin THIERRY, *Essai sur l'histoire de la formation et des progrès du tiers état*, Furne, Paris, 1853, p. 21.

12 Augustin THIERRY, *Essai sur l'histoire de la formation et des progrès du tiers état*, Furne, Paris, 1860, p. 132 et p. X (cité dans Lionel GOSSMAN, « Augustin Thierry and liberal historiography », *History and Theory*, Beiheft 15, Wesleyan University Press, Middletown, 1976, p. 3-83, p. 37-39).

13 François GUIZOT, *Histoire de la civilisation en Europe* (édité par Pierre Rosanvallon), Hachette, Paris, 1985, p. 181.

14 *Ibid.*, p. 182.

15 *Ibid.*, p. 183.

16 *Ibid.*, p. 183.

17 W. G. RUNCIMAN, « Unnecessary revolution : the case of France », *Archives européennes de sociologie*, 24, 1983, p. 298.

18 Paul IMBS (sous la dir. de), *Trésor de la langue française. Dictionnaire de la langue du XIXe et du XXe siècle*, Paris, 1971, vol. 5 (1977), CNRS-Éditions, Paris, p. 143, 144 ; vol. 10 (1983), p. 927.

19 « Smith, Adam », *in La Grande Encyclopédie*, vol. 30, Société anonyme de La Grande Encyclopédie, Paris, éd. originale 1885-1902.

20 La discussion débute avec l'article d'Anna BEZANSON, « The early use of the term Industrial Revolution », *Quarterly Journal of Economics*, 36, 1922, p. 343-349 ; voir également Ernst NOLTE, *Marxismus und Industrielle Revolution*, Klett-Cotta, Stuttgart, 1983, p. 23-25.

21 Victor COUSIN, *Cours de philosophie par V. Cousin. Introduction à l'histoire de la philosophie*, Pichon et Didier, Paris, 1828.

22 *Ibid.*, p. 25.

23 Victor COUSIN, « Cours de l'histoire de la philosophie, 7e leçon », 5 juin 1828, *in* Victor COUSIN, *Cours de philosophie par V. Cousin. Introduction à l'histoire de la philosophie*, *op. cit.*.

24 François A. MIGNET, *Histoire de la Révolution française, depuis 1789 jusqu'en 1814*, Firmin-Didot, Paris, 1875, vol. 1, p. 15.

25 *Ibid.*, p. 206.

26 *Ibid.*, p. 209, 3.

27 Alexis de TOCQUEVILLE, *Œuvres complètes* (éditées par Luc MONNIER), t. XII : *Souvenirs*, Gallimard, Paris, 1964, p. 30.

28 *Ibid.*

29 Alexis de TOCQUEVILLE, *L'Ancien Régime et la Révolution*, Paris, 1866 (6e éd.), p. 30-31.

30 W. G. RUNCIMAN, « Unnecessary Revolution : the case of France », *loc. cit.*, p. 318 ; Jacques SOLÉ, *La Révolution en questions*, Le Seuil, Paris, 1988, p. 273, 275.

31 Lorenz STEIN, *Der Socialismus und Communismus des heutigen Frankreich : ein Beitrag zur Zeitgeschichte*, O. Wigand, Leipzig, 1848 (2e éd.), p. 128-129, 131.

32 *Ibid.*

33 François GUIZOT, *Histoire de la civilisation en Europe, op. cit.*, p. 182-183.

34 Voir la discussion à ce propos dans Jürgen KOCKA et Ute FREVERT (sous la dir. de), *Bürgertum im 19 Jahrhundert*, Deutscher Taschenbuch Verlag, Munich, 1988 (3 vol.), notamment vol. 1, partie 1.

35 Lionel GOSSMAN, « Augustin Thierry and liberal historiography », *loc. cit.*, p. 40.

36 Augustin THIERRY, *Essai sur l'histoire de la formation et des progrès du tiers état, op. cit.*, p. 76-77.

37 François GUIZOT, *Histoire de la civilisation en Europe, op. cit.*, p. 182-183.

38 *Ibid.*, p. 287-288.

39 François GUIZOT *in* W. M. SIMON (sous la dir. de), *French Liberalism : 1789-1848*, John Wiley & Sons, New York, 1972, p. 108. L'influence de Thierry (la corrélation race et lutte des classes) et de Walter Scott (*Ivanhoé*) est évidente ici.

40 Lord ACTON, *Lectures on the French Revolution* (publication posthume), Londres, 1910, p. 2. Les conférences ont été prononcées originellement par l'auteur en 1895.

41 Wilhelm Friedrich VOLGER, *Handbuch der allgemeinen Weltgeschichte*, vol. 2, partie 2 : « Neueste Geschichte », Hanovre, 1839, p. 240.

42 « Bürger », *in* O. BRUNNER, W. CONZE, R. KOSELLECK (sous la dir. de), *Geschichte Grundbegriffe*, Klett-Cotta, Stuttgart, 1972, p. 715-716.

43 *Ibid.*, vol. 5, p. 747, « Révolution ». Même vers la fin du siècle, le thème se retrouve encore dans le *Brockhaus Conversationslexikon* (« Révolution », vol. 13, Leipzig, 1886 [13e éd.], p. 652). Les révolutions anglaise et française sont mises dans le même sac comme « deux catastrophes qui marquent un véritable tournant dans la vie culturelle de l'Europe et auxquelles les violents changements de l'époque sont plus ou moins liés ».

44 Charles DE RÉMUSAT, *Politique libérale ou défense de la Révolution française*, 1860 (cité dans Alice GÉRARD, *La Révolution française. Mythes et interprétations 1789-1970*, Paris, 1970, p. 37).

45 *Ibid.*, p. 34.

46 « Chartism », *Critical and Miscellaneous Essays*, vol. 4, Londres, 1899, p. 149. Carlyle soutient que la Révolution française n'est pas encore terminée : « Ce fut une révolte des classes opprimées contre les classes opprimantes ou négligentes : pas seulement une révolte française, non, une révolte européenne. »

47 Voir notamment son extraordinaire « docudrame », *La Mort de Danton*.

48 Friedrich LIST, *Schriften, Reden, Briefe*, vol. 1, R. Hobbing, Berlin, 1932, p. 286. Le passage n'est pas daté mais a été écrit entre 1815 et 1825.
49 Carl RICHTER, *Staats- und Gesellschafts – Recht der Französischen Revolution von 1789 bis 1804*, J. Springer, Berlin, 1866, vol. 1, p. viii.
50 Voir Constant V. WURZBACH, *Biographisches Lexikon des Kaiserthums Österreich*, vol. 26, Vienne, 1874, p. 63.
51 *Cf.* la phrase de Maurice de GUÉRIN : « La classe moyenne est arrivée au pouvoir » (*Œuvres complètes, Correspondances 1824-1839*, B. d'Harcourt, Paris, 1947, p. 165 ; la citation date de 1834). Voir aussi Edouart ALLETZ, *De la démocratie nouvelle ou des mœurs et de la puissance des classes moyennes en France*, Paris, 1837 (2 vol.) et Jules MICHELET, « La classe moyenne bourgeoise, dont la partie la plus inquiète s'agitait aux Jacobins », *in* Jules MICHELET, *Histoire de la Révolution française*, Gallimard, Paris, 1939 (cité dans le *Dictionnaire Le Robert*, Paris, 1978, vol. 4, p. 533).
52 Claude-Henri de SAINT-SIMON et Augustin THIERRY, *De la Réorganisation de la société européenne*, *in* Claude-Henri de SAINT-SIMON, *Œuvres*, t. 1, Anthropos, Genève, 1977, p. 163-164.
53 François A. MIGNET, *Histoire de la Révolution française*, *op. cit.*, p. 207, cité par W. M. SIMON (sous la dir. de), *French Liberalism*, *op. cit.*, p. 142.
54 Pour une vue globale de l'évolution du mot, voir l'article « Liberalismus » par Ulrich DIERSE, *in* Joachim RITTER et Karlfried GRÜNDER (sous la dir. de), *Historisches Wörterbuch der Philosophie*, Schwabe, Bâle-Stuttgard, 1980, vol. 5, cols 257-271. L'auteur avance que l'usage du mot – par les futurs libéraux comme Sieyès et Constant – n'était pas encore suffisamment spécifique avant 1814. C'est en Espagne, en 1810, que l'on trouve le premier groupe politique siégeant sous ce label. Des députés ont été regroupés dans les catégories « libérales » et « serviles », et la terminologie espagnole a sans aucun doute été influente en assurant la fortune du terme.
55 Albert Venn DICEY, « Taine's origins of contemporary France », *The Nation*, 12 avril 1894, p. 274-276.
56 W. G. RUNCIMAN, « Unnecessary Revolution : The case of France », *loc. cit.*, p. 315, *cf.* François FURET, *Penser la Révolution française*, Gallimard, Paris, 1983, p. 157-158.
57 Alexis De TOCQUEVILLE, *L'Ancien Régime et la Révolution*, *op. cit.*, p. 245-246.
58 Augustin THIERRY, *Dix Ans d'études*, Just Tessier, Paris, 1859 (3e éd. revue et corrigée), p. 41. (cité par Lionel GOSSMAN, « Augustin Thierry and liberal historiography », *loc. cit.*, p. 39).
59 François MIGNET, *Histoire de la Révolution française*, *op. cit.*, t. 1, p. 4-5, cité par W. M. SIMON (sous la dir. de), *French Liberalism*, *op. cit.*, p. 149-141.
60 René SÉDILLOT, *Le Coût de la Révolution française*, Perrin, Paris, 1987, p. 282-277.
61 *Essays on the Early Period of the French Revoution by the Late John Wilson Croker*, Londres, 1857, p. 2.
62 *Ibid.*
63 *Nouvelle Biographie générale*, Paris, 1855, vol. 13, p. 810. Les lecteurs du XIXe siècle n'avaient pas besoin qu'on leur précise qui était Phaéton, le premier astronaute

de la mythologie grecque qui fut brûlé quand son chariot approcha de trop près le soleil.

64 Dans la deuxième partie, incomplète, de son *Ancien Régime.* Voir A. KAHAN, « Tocqueville's Two Revolution », *Journal of the History of Ideas*, 46, 1985, p. 595-596.

65 François GUIZOT, *Du gouvernement de la France*, 1820 (3e éd.), p. XXVII-XXVIII (cité par Stanley MELLON, *The Political Uses of History. A Study of Historians in the French Revolution*, Stanford, 1958, p. 29).

66 Selon les termes de Stanley MELLON (*The Political Uses of History, op. cit.*)

67 BARANTE, *Souvenirs*, Paris, 1890-91, III, p. 29 (cité par Lionel GOSSMAN, « Augustin Thierry and Liberal Historiography », p. 7).

68 Voir Stanley MELLON, *The Political Uses of History, op. cit.*, p. 47-52.

69 Lorenz von STEIN, *Der Socialismus und Communismus des heutigen Frankreich : ein Beitrag zur Zeitgeschichte*, O. Wigand, Leipzig, 1848 (2e éd.), p. 133.

70 François GUIZOT, *Du gouvernement de la France, op. cit.*, p. 210, cité par W. M. SIMON (sous la dir. de), *French Liberalism, op. cit.*, p. 110.

71 François GUIZOT, *Mémoires pour servir à l'histoire de mon temps*, M. Lévy, Paris, 1858, t. 1, p. 33, 34-35.

72 Extrait de « Bezwaaren tegen den geest der eeuw » (1823) à l'entrée « Liberalisme » (*Woordenboek der Nederlandsche Taal*, vol. 8, part i, La Hague, 1916, p. 1874)

73 François MIGNET, *Histoire de la Révolution française, op. cit.*, p. 207.

Notes du chapitre 2 : Dépasser la révolution bourgeoise

1 Maurice AGULHON, *La République au village. Les populations du Var de la Révolution à la Seconde République*, Plon, Paris, 1970.

2 Voir Hans-Ulrich WEHLER, *Deutsche Gesellschaftsgeschichte Zweiter Band 1815-1849*, C. H. Beck, Munich, 1989, p. 706-715 et l'importante bibliographie p. 880-882.

3 Voir son pamphlet adressé à la population rurale en 1834, *Le Messager hessois* (*Der hessiche Landbote*), *in* Georg BÜCHNER, *Œuvres complètes, inédits et lettres*, Le Seuil, Paris, 1988, p. 73-83.

4 Willliam SEWELL, *Gens de métier et révolutions. Le langage du travail, de l'Ancien Régime à 1848*, Aubier-Montaigne, Paris, 1983, p. 270-272.

5 Pour quelques bons exemples d'une « *proletarier* Marseillaise » et de l'héritage symbolique et iconographique de 1789, voir *Ogni Anno un Maggio Nuovo. Il Centenario del Primo Maggio* (introduction d'Antonio PIZZINATO), Feltrinelli, Milan, 1988, p. 65 et 68. Ce volume consacré au centenaire du « 1er mai » a été publié sous le patronage des syndicats de l'Ombrie. Voir aussi Andrea PANACCIONE (sous la dir. de), *The Memory of May Day. An iconographic History of the Origins and Implanting of a Workers' Holyday*, Marsilio, Venise, 1989, notamment p. 290 (Danemark), p. 295 (Suède) et p. 336 (Italie).

6 Lorenz STEIN, *Der Socialismus, op. cit.* La particule « von » est apparue dans son nom après que Stein est devenu professeur à Vienne.

7 « The Commune as symbol and example », *in* Georges HAUPT, *Aspects of International Socialism 1871-1914*, Maison des sciences de l'homme, Paris, 1986, p. 23-47.

8 Alexis DE TOCQUEVILLE, « Souvenirs », *in Œuvres complètes*, Paris, 1964, vol. 12, p. 87.

9 Cité par Felix GILBERT dans son article « Revolution », *in Dictionary of the History of Ideas*, 5 vol., Scribner's sons, New York, 1980, p. 159.

10 Cité par Norman STONE, *Europe Transformed 1878-1919*, Fontana Paperbacks, Londres, 1983, p. 331.

11 « The Russian and the French Revolutions 1789-1917. Parallels and contrasts », *The Current History Magazine*, juillet 1917.

12 « Revolution », *in Geschichtliche Grundbegriffe*, vol. 5, p. 744.

13 LOUIS BLANC, *Histoire de la Révolution française*, Paris, 1847, vol. 1, p. 121.

14 Augustin THIERRY, *Essai sur l'histoire de la formation et des progrès du tiers état, op. cit.*, p. 2.

15 Lettre de Marx à Engels, 27 juillet 1854 *in* Karl MARX et Friedrich ENGELS, *Correspondance, op. cit.*

16 Voir Eric J. HOBSBAWM, « Marx, Engels and politics », *in* E. J. Hobsbawm (sous la dir. de), *The History of Marxism*, vol. 1 : *Marxism in Marx' Day*, Bloomington, 1982 ; Bernard CHAVANCE, *Marx en perspective*, Éditions de l'École des hautes études en sciences sociales, Paris, 1985, p. 557-570 ; Karl MARX, « La critique moralisante et la morale critique » (1847), *in Œuvres III. Philosophie*, Gallimard, coll. « La Pléiade », Paris, 1982, p. 754.

17 Samuel BERNSTEIN, *Auguste Blanqui*, Maspero, Paris, 1970, p. 261-267 ; Friedrich ENGELS, « The Festival of Nations in London », *in Collected Works*, vol. 6, p. 4-5.

18 *Ibid.* et Friedrich ENGELS, « The civil war in Switzerland », *in Collected Works*, vol. 6, p. 372 ; Karl MARX, « La critique moralisante et la morale critique », *op. cit.*

19 Karl MARX, « Communism, Revolution and a free Poland », *in Collected Works*, vol. 6, p. 545.

20 Voir Victor DALINE, « Lénine et le jacobinisme », *Annales historiques de la Révolution française*, 43, 1971, p. 89-112.

21 Daniel GUÉRIN, « Controverse sur la Révolution française », *Cahiers Bernard Lazare*, n° 119-120, Paris, 1987, p. 58-81.

22 Sur la popularité de *La Marseillaise* dans les cercles socialistes internationaux au cours des années 1890, voir Maurice DOMMANGET, *Eugène Pottier : membre de la Commune et chantre de* L'Internationale, EDI, Paris, 1971, p. 144-146.

23 Cité par Georges HAUPT, *La Deuxième Internationale, 1899-1914 : étude critique des sources, essai bibliographique*, Mouton, Paris/La Haye, 1964.

24 HEINRICH VON SYBEL, *Histoire de l'Europe pendant la Révolution française*, Alcan, Paris, 1869-1888 (6 vol.).

25 C'est le cas dans l'entrée « Bonapartismus », *in Meyers Konversationslexikon*, Mannheim, 1960 (9e éd.), vol. 4, p. 483.

26 Voir Charles RIHS, *La Commune de Paris 1871. Sa structure et ses doctrines*, Le Seuil, Paris, 1973 ; à propos de l'imitation du passé, voir p. 58-59, 182-183 et à propos de Delescluze, voir p. 185-191.

27 Sanford ELWITT, *The Making of the Third Republic. Class and Politics in France*, Louisiana State University Press, Baton Rouge, 1975, chapitre 1.

28 Pour le compte rendu des impressions de Garibaldi, voir D. Mack SMITH (sous la dir. de), *Garibaldi. A Portrait in Documents*, Florence, 1982, p. 13-14.

29 Alice GÉRARD, *La Révolution française, op. cit.*, p. 81.

30 P. KROPOTKINE, *La Grande Révolution, 1789-1793*, Paris, Tops-H. Trinquier, Antony, 2002 (éd. originale 1910).

31 Samuel H. BARON, *Plekhanov : the Father of Russian Marxism*, Routledge and Paul Kegan, Londres, 1963, p. 358.

32 *Cf.* le discours du 5 novembre au soviet de Saint-Pétersbourg, cité intégralement *in* Léon TROTSKI, *1905*, Éditions de Minuit, Paris, 1976, p. 153-156.

33 Victor DALINE, « Lénine et le jacobinisme », *loc. cit.*, p. 96.

34 W. H. CHAMBERLIN, « Bolshevik Russia and Jacobin France », *The Dial*, n° 67, 12 juillet 1919, p. 14-16 ; Charles W. THOMPSON, « The French and Russian Revolutions », *Current History Magazine/New York Times*, 13, janvier 1921, p. 149-157.

35 Adam ULAM, *Russia's Failed Revolution. From Decembrists to Dissidents*, Londres, 1981, p. 316-317.

36 Léon TROTSKI, *Histoire de la révolution russe*, Le Seuil, Paris, 1985.

37 Samuel H. BARON, *Plekhanov, op. cit.*, p. 358.

38 Karl KAUTSKY, *Le Bolchevisme dans l'impasse*, Alcan, Paris, 1931(éd. originale en allemand 1930), chap. IIId : « Jacobins ou bonapartistes », notamment p. 110 et 112.

39 Cité par Alice GÉRARD, *La Révolution française, op. cit.*, p. 81.

40 Albert MATHIEZ, *Le Bolchevisme et le Jacobinisme*, Librairie du Parti socialiste et de *L'Humanité*, Paris, 1920, p. 24.

41 Victor DALINE, « Lénine et le jacobinisme », *loc. cit.*, p. 107.

42 Sylvain MOLINIER, *La Pensée*, mars-avril 1947, p. 116.

43 Isaac DEUTSCHER, *Staline*, Gallimard, Paris, 1973, p. 564

44 Mahendra Nath ROY, *The Russian Revolution*, Calcutta, 1945, p. 14-15, TROTSKI *Histoire de la Révolution russe, op. cit.*, t. 2, p. 201-220.

45 W. H. CHAMBERLIN, « Bolshevik Russia and Jacobin France », *loc. cit.*, p. 14-25.

46 Pour les références voir BOFFA, *Il fenomeno Stalin*, p. 138 ; Stephen F. COHEN, *Nicolas Boukharine, la vie d'un bolchevik*, Maspero, Paris, 1979.

47 Isaac DEUTSCHER, *Trotski*, vol. 2 : *Le Prophète désarmé, 1921-1929*, Julliard, Paris, 1964.

48 *Ibid.*, p. 422.

49 *Ibid.*, p. 421.

50 *Ibid.*, p. 585.

51 *Ibid.*

52 *Ibid.*, p. 586.

53 *Ibid.*, p. 614.

54 C'est la version présentée par Stephen F. COHEN, *Nicolas Boukharine…*, *op. cit.*, p. 165. Isaac DEUTSCHER, *Le Prophète désarmé*, *op. cit.*, p. 224-226, est plus nuancé.
55 Isaac DEUTSCHER, *Le Prophète désarmé*, *op. cit.*, p. 464-465.
56 *Ibid.*, p. 333-334.
57 Mahendra Nath ROY, *The Russian Revolution*, *op. cit.*, p. 14-15.
58 Cité par Stephen F. COHEN dans *Nicolas Boukharine…*, *op. cit.*, p. 166.
59 « Mieux vaut moins mais mieux », *Pravda*, 2 mars 1923, publié dans les *Œuvres complètes*, Moscou, 1960 (4e éd.), vol. 38, p. 487-502.
60 Georg FORSTER, *Im Anblick des grossen Rades, Schriften zur Revolution* (édition préparée par R. R. Wuthenow), Luchterhand, Darmstadt-Neuwied, 1981, p. 133-134.
61 Lénine, « Séance du comité exécutif central de Russie en date du 4 (17) novembre 1917 », *Œuvres complètes*, vol. 26, Éditions du Progrès, Moscou, 1974, p. 304.
62 Lénine, « Discours à la 7e conférence de Russie du POSDR » (avril 1917), *Œuvres complètes*, *op. cit.*, vol. 24, p. 269.
63 Lénine, « Lettre aux ouvriers américains » (20 août 1918), *Œuvres complètes*, *op. cit.*, vol. 28, p. 71.
64 Lénine, « Les partis politiques en Russie et les tâches du prolétariat » (avril 1917), *Œuvres complètes*, *op. cit.*, vol. 24, p. 96.
65 Lénine, « Pour une révision du programme du Parti » (octobre 1917), *Œuvres complètes*, *op. cit.*, vol. 26, p. 173.
66 Cité par Robert C. TUCKER dans *Lenin Anthology*, Norton, New York, 1975, p. 706.
67 *Ibid.*
68 Evgenii AMBARZUMOV, « Gorbaciov, guardati dai burocrati », *Unità*, 29 mai 1989, p. 1. En fait Ambarzumov se trompait : en 1789, le tiers état comptait deux députés pour chaque représentant des deux autres ordres et composait ainsi en nombre la moitié de l'Assemblée. Peut-être est-ce le signe que malgré la vitalité du souvenir de la Révolution française dans ses grandes lignes, soixante-dix ans ont estompé cette connaissance précise de l'histoire révolutionnaire qui fut longtemps remarquable en Russie.

Notes du chapitre 3 : D'un centenaire à l'autre

1 Eric J. HOBSBAWM et Terence RANGER (sous la dir. de), *L'Invention de la tradition*, Éditions Amsterdam, Paris, 2006.
2 Voir M. L. NEIMAN, « Leninskii plan "monumentalnoi propagandy" i pervye skulpturnye pamyatniki », *in Istoriya Russkogo Isskusstva*, vol. 6, Moscou, 1957, p. 23-53, qui rapporte que Lénine en eut l'idée à la lecture de l'utopie de Tommaso Campanella *La Cité du soleil*. Pour un aperçu rapide de l'épisode (en anglais) voir Christine LODDER, *Russian Constructivism*, Yale University Press, New Haven, 1983, p. 53 et suiv. A STIGALEV, « S. Konenkov i monumentalnaya propaganda », *Sovietskaya Skulptura*, n° 74, Moscou, 1976, p. 210-223, fournit des détails sur la façon dont la liste de soixante-six personnalités éminentes fut

dressée et présente une photo de Lénine inaugurant, sur la place Rouge à Moscou, le monument à Stenka Razin conçu par Komenkov. Entre 1918 et 1920, vingt-cinq monuments ont été érigés à Moscou et quinze à Leningrad. Une photo des ruines du monument à Robespierre créé par Lebedeva est reproduite dans *Sovietskoe Isskusstvo 20-30 Godakh*, Leningrad, 1988, planche 41. Pour d'autres images des monuments de 1918, essentiellement extraites des actualités filmées de l'époque, voir Christina LODDER, *Russian Constructivism* ; *Istoriya Russkogo Isskusstva XI, Serdzom Slushaya Revolutsiya. Isskusstvo Pervikh Let Oktyabra*, Leningrad, 1977, et *Shagi Sovietov : Kinokamera pishet istoriyu 1917-1936*, Moscou, 1979.

3 *The Times*, 4 mai 1889, p. 7.

4 *Ibid.*

5 *The New York Times*, 14 juillet 1889, p. 9.

6 Pascal ORY, « Le centenaire de la Révolution française », *in* Pierre NORA (sous la dir. de), *Les Lieux de mémoire*, vol. 1 : *La République*, Gallimard, Paris, 1984, p. 523-560.

7 Henry DUNCKLEY, « Two political centenaries », *Contemporary Review*, 55, 1888, p. 52-72.

8 « Lord Acton on the French Revolution », *The Nation*, 92, 30 mars 1911, p. 318-320. Lord ACTON, *Lectures on the French Revolution*, *op. cit.*

9 Anatole LEROY-BEAULIEU, *La Révolution et le libéralisme*, Hachette, Paris, 1890, chapitre « Le banquet du centenaire », p. 1-84.

10 « The Centenary of 1789 », *Edinburgh Review*, vol. 169, p. 519-536.

11 « Taine's Conquest of the Jacobins », *Edinburgh Review*, vol. 155, p. 1-26.

12 *Ibid.*

13 « The Centenary of 1789 », *loc. cit.*, p. 521-522.

14 *Ibid*, p. 534-535.

15 Goldwin SMITH, « The invitation to celebrate the French Revolution », *National Review*, août 1888, p. 729-747 ; « The Centenary of 1789 », *loc. cit.*, p. 522.

16 *Ibid.*

17 A. R. D. ELIOT, « The French Revolution and modern France », *Edinburgh Review*, 187, p. 522-548.

18 « The Centenary of 1789 », *loc cit.*, p. 524.

19 Goldwin SMITH, « The invitation to celebrate the French Revolution », *loc cit.*, p. 743.

20 *The Times*, 27 août 1889, p. 3 : « La Révolution est loin d'être un fiasco. Treize constitutions en un siècle, [...] voici qui reflète manifestement le peu d'éclat des hommes qui ont inauguré cette période d'instabilité chronique. »

21 Compte rendu du livre d'Alphonse AULARD, *La Révolution française*, dans *The Spectator*, 15 octobre 1910, p. 608.

22 Goldwin SMITH, « The invitation to celebrate the French Revolution », *loc cit.*, p. 745.

23 Frank T. MARZIALS, « Taine's Revolution », *London Quarterly Review*, 66, avril 1886, p. 24-48.

24 A. V. DICEY, « Taine's *Gouvernement révolutionnaire* », *The Nation*, 40, 26 février 1885, p. 184-185.
25 A. V. DICEY, « Taine's Origins », *loc cit.*, p. 274-276.
26 « M. Taine on the Jacobin conquest », *The Spectator*, 55, 18 février 1882, p. 232-234. *The Nation*, 40, 5 mars 1885, p. 206-207.
27 Lord ACTON, *Lectures on the French Revolution*, *op. cit.*, p. 345-373.
28 Hubert BOURGIN, *De Jaurès à Léon Blum. L'École normale et la politique*, Fayard, Paris, 1938, p. 271.
29 Alphonse AULARD, *Histoire politique de la Révolution française*, Armand Colin, Paris, 1905 (3e éd.), p. 46.
30 Jacques GODECHOT, *Un jury pour la Révolution*, Robert Laffont, Paris, 1974, p. 319.
31 LÉNINE, *Œuvres complètes*, vol. 26, p. 129, 183. Les louanges de Lénine à Danton sont particulièrement significatives dans la mesure où il faisait référence à cette figure pour ancrer chez ses camarades l'idée de la nécessité de la révolution d'Octobre et celle des moyens de mener à bien une telle insurrection.
32 Georges LEFEBVRE, *Napoléon*, Alcan, collection « Peuples et civilisations », t. XIV, Paris, 1935.
33 Georges LEFEBVRE (avec la collab. de Raymond Guyot et Philippe Sagnac), *La Révolution française*, Alcan, coll. « Peuples et civilisations », t. XIII, Paris, 1930.
34 Georges LEFEBVRE, *Le Directoire*, Armand Colin, Paris, 1946. Ndt. : A. Mathiez avait « signé » avec Armand Colin dès 1922 pour une série de livres couvrant toute la période révolutionnaire, mais il est mort avant d'avoir pu terminer. G. Lefebvre a pris la suite.
35 Ernest LABROUSSE, *La Crise de l'économie française à la fin de l'Ancien Régime et au début de la Révolution*, PUF, Paris, 1944 ; « Comment naissent les révolutions », *in Actes du Congrès historique du centenaire de la révolution de 1848*, PUF, Paris, 1949.
36 Emmanuel LEROY-LADURIE, *Paris-Montpellier : PC-PSU. 1945-1963*, Gallimard, Paris, 1982.
37 P. M. JACOB, *History Theses 1901-1970*, Londres, 1976.
38 Edouard HERRIOT, *Hommage à la Révolution*, Fasquelle, Paris, 1939. *Lyon n'est plus*, Hachette, Paris, 1937 (4 vol.).
39 Albert MATHIEZ, *La Vie chère et le mouvement social sous la Terreur*, Payot, Paris, 1927 ; Georges LEFEBVRE, *Les Paysans du Nord pendant la Révolution française*, Marquant, Lille, 1924 ; Albert SOBOUL, *Les Sans-culottes parisiens en l'an II. Mouvement populaire et gouvernement révolutionnaire*, Librairie Clavreuil, Paris, 1958.
40 Pour des compléments biographiques en anglais sur les historiens de la Révolution française on consultera Samuel F. SCOTT et Barry ROTHAUS (sous la dir. de), *Historical Dictionnary of the French Revolution 1789-1799*, 2 vol., Greenwood Press, Westport, 1985, et, plus brièvement, *Blackwell Dictionary of Historians*, Blackwell, Oxford, 1987. On prendra plus de précautions avec François FURET, « Histoire universitaire de la Révolution », *in* François FURET, Mona OZOUF, *Dictionnaire critique de la Révolution française*, Flammarion, Paris, 1988, que l'on peut considérer comme un réquisitoire personnel fonctionnant par omission.
41 « Fascismo », *in Enciclopedia Italiana*, 1934, vol. 14, p. 847.

42 Voir Antoine Prost, *Vocabulaire des proclamations électorales de 1881, 1885 et 1889*, PUF, Paris, 1974, p. 52-53, 65.

43 George V. Taylor, « Types of capitalism in Eighteen Century France », *English Historical Review*, 79, 1964, p. 478-497 ; « Non-capitalist wealth and the origins of the French Revolution », *American Historical Review*, 79, 1967, p. 469-496. Voir aussi l'article « Bourgeoisie », *in* Samuel F. Scott et Barry Rothaus (sous la dir. de), *Historical Dictionnary of the French Revolution 1789-1799, op. cit.*, p. 117-122.

Notes du chapitre 4 : Survivre au révisionnisme

1 John McManners, *in New Cambridge Modern History*, vol. 8, Cambridge, 1965, p. 651. À propos du livre d'Alfred Cobban, *Le Sens de la Révolution française* (préface d'Emmanuel Leroy-Ladurie), Julliard, Paris, 1984, voir au besoin, en anglais, le compte rendu de Crane Brinton, *History and Theory*, 5, 1966, p. 315-320.

2 George Rudé, *The French Revolution : Its Causes Its History and Its Legacy After 200 Years*, Grove Weidenfeld, New York, 1988

3 Norman Hampson, « The two French Revolutions », *New York Review of Books*, 13 avril 1989, p. 11-12.

4 Jacques Solé, *La Révolution en questions*, Le Seuil, Paris, 1988, p. 15.

5 Benjamin Constant, *De la force du gouvernement actuel et de la nécessité de s'y rallier* (cet ouvrage présente une défense du Directoire). Cité par Marcel Gauchet, « Benjamin Constant », *in* François Furet et Mona Ozouf (sous la dir. de), *Dictionnaire critique de la Révolution française, op. cit.*, p. 954.

6 W. G. Runciman, « Unnecessary Revolution : the case of France », *loc. cit.*, p. 318.

7 Jacques Solé, *La Révolution en questions, op. cit.*, p. 366-367, 372-373, 386-387. Solé reconnaît spécifiquement que « le déferlement des enquêtes et des hypothèses qui a suivi, outre-Manche et outre-Atlantique, depuis une vingtaine d'années, a contribué à renouveler de fond en comble notre compréhension des événements survenus en France entre 1787 et 1799 », p. 13.

8 Voir Alfred Cobban, *Le Sens de la Révolution française, op. cit.* L'attaque originale de Cobban, texte d'une conférence prononcée au University College of London en 1954, fut publiée en 1955 sous le titre *The Myth of the French Revolution.*

9 W. G. Runciman, « Unnecessary Revolution : the case of France », *loc. cit.*, voir notamment p. 295, 299 et 301.

10 François Furet, « Le catéchisme révolutionnaire », *Annales ESC*, 24, 1971, p. 261.

11 Il écrit en 1932 : « Cependant, tel que nous le présentait Jaurès, l'événement de 1789 apparaissait comme un et simple : la Révolution avait pour cause la puissance de la bourgeoisie parvenue à sa maturité et, pour résultat, de la consacrer légalement. Cette vue nous semble aujourd'hui trop sommaire. D'abord, elle n'explique pas pourquoi l'avènement de la bourgeoisie s'est produit à ce moment et non à tel autre, ni surtout pourquoi il a comporté en France une mutation brusque tandis qu'il aurait pu résulter, comme il est advenu ailleurs,

d'une évolution progressive sinon tout à fait pacifique. Nous savons bien maintenant que la Révolution de 1789, comme fait spécifique, a nécessité un concours vraiment extraordinaire et imprévisible de causes immédiates : une crise financière dont l'exceptionnelle gravité provient de la guerre d'Amérique ; une crise de chômage engendrée par le traité de commerce de 1786 et par la guerre d'Orient ; enfin une crise de cherté et de pénurie provoquée par la mauvaise récolte de 1788 et par l'édit de 1787 qui avait vidé les greniers en autorisant l'exportation des grains. Mais ce n'est pas tout, et les causes profondes de la Révolution nous semblent, elles aussi, de plus en plus complexes. On nous a montré que si la monarchie n'a pu venir à bout de la crise financière, c'est que son autorité elle-même périclitait et que le roi, comme a dit Mathiez, ne pouvait plus gouverner. Chérest, dans un livre déjà ancien, M. Sagnac, dans le dernier volume de l'*Histoire de France*, publiée sous la direction d'Ernest Lavisse, avaient bien prouvé déjà que la responsabilité immédiate de la Révolution incombait aux privilégiés eux-mêmes, qui s'étaient refusés aux sacrifices que le pouvoir royal prétendait leur imposer et qui lui avaient arraché la convocation des États généraux. [...] À ses débuts, celle-ci [la Révolution] n'est donc pas une révolution bourgeoise, mais une révolution aristocratique [...].

On voit donc que l'interprétation économique de l'histoire ne nous en procure nullement une vue simple. L'ascension d'une classe révolutionnaire n'est pas nécessairement la seule cause de son triomphe et il n'est pas *fatal* que ce triomphe survienne ou, en tout cas, prenne une allure violente. Dans le cas présent, la révolution a été déclenchée par ceux qu'elle devait anéantir, non par ceux qui en ont profité, et on ne pourra prouver que les premiers devaient nécessairement réussir à imposer leur volonté au souverain : rien ne dit que de grands rois ne seraient point parvenus à enrayer les progrès de l'aristocratie au XVIIIe siècle ; rien ne dit qu'en 1787, et même en 1789, un grand roi, qui aurait eu du prestige, n'aurait pu lui faire entendre raison. (Georges LEFEBVRE, *Études sur la Révolution française*, PUF, Paris, 1963, 2e éd. épuisée, p. 340-341.)

12 Jacques SOLÉ, *La Révolution en questions, op. cit.*, p. 267.

13 Voir par exemple l'introduction à l'édition anglaise de *Socialisme utopique et socialisme scientifique* de 1892, *in* K. MARX et F. ENGELS, *Selected Works*, vol. 3, p. 95 et suiv.

14 Georges LEFEBVRE, « La Révolution française et les paysans », *in* Georges LEFEBVRE, *Études sur la Révolution française, op. cit.* ; Albert SOBOUL, *Précis d'histoire de la Révolution française*, Éditions sociales, Paris, 1962, p. 477.

15 Georges LEFEBVRE, « La Révolution française et les paysans », *loc. cit.*, p. 340.

16 Robert R. PALMER, *The Age of Democratic Revolution. A Political History of Europe and America 1760-1800*, Princeton, 1964, 2 vol. (Une édition française abrégée a été publiée sous le titre *1789, les révolutions de la liberté et de l'égalité*, Calmann-Lévy, Paris, 1968.) Jacques GODECHOT et Robert R. PALMER, « Le problème de l'Atlantique du XVIIIe au XXe siècle » (communication faite au Congrès international des sciences historiques), *Relazioni*, vol. 5, Florence, 1955, p. 173-240.

Pour la retranscription des discussions, voir Congrès international des sciences historiques, *Atti del 10 Congresso Internazionale*, Rome, 1957, p. 565-579.

17 C'est assurément ce que suggèrent l'étude de Robert Palmer consacrée au Comité de salut public, *Twelve Who Ruled*, Princeton, 1941 (l'ouvrage n'a été publié en français qu'en 1989 : *Le Gouvernement de la Terreur : l'année du Comité de Salut public*, Armand Colin) ainsi que l'élection de Jacques Godechot à la présidence de la Société des études robespierristes.

18 Sir Charles Webster, à l'époque l'un des spécialistes britanniques des relations internationales les plus distingués, s'était exprimé ainsi : « Jamais avant la Seconde Guerre mondiale on n'avait parlé de l'Atlantique comme d'une "région". Le rapporteur n'a pas insisté suffisamment sur l'unité du monde. Pour cette raison, la Communauté atlantique ne devrait être qu'un phénomène temporaire. Elle fut créée par la politique de l'URSS et, si celle-ci devait changer, elle changera aussi », *in Atti del 10 Congresso Internazionale*, Rome, 1957, p. 571-572.

19 Alexis de TOCQUEVILLE, *L'Ancien Régime et la Révolution*, *op. cit.*, p. 72. Voir aussi KAPLAN, « Tocqueville's two Revolutions », *loc. cit.*, p. 587-588.

20 François GUIZOT, *Mémoires...*, *op. cit.*, vol. 1, p. 157-159 ; François GUIZOT, *Histoire de la civilisation en Europe*, *op. cit.*, introduction de Pierre Rosanvallon, p. 14.

21 François GUIZOT, *Du gouvernement de la France depuis la Restauration*, Ladvocat, Paris, 1821, préface à la 3e édition, p. 28 (cité Par Stanley MELLON, *The Political Uses of History*, *op. cit.*, p. 29).

22 Pour un exemple de cette logique poussée à l'extrême, voir René SÉDILLOT, *Le Coût de la Révolution française*, *op. cit.*, p. 268-279.

23 Voir Hervé HAMON et Patrick ROTMAN, *Les Intellocrates. Expédition en haute intelligentsia*, Ramsay, Paris, 1981. Il n'est peut-être pas anodin que la liste des vingt-cinq intellectuels qui « jouent un rôle prépondérant dans la circulation des idées », dont au moins un tiers est composé d'historiens ou d'intellectuels dotés d'une capacité d'expertise ou de qualifications dans le domaine de l'histoire, ne contienne qu'un auteur prolifique sur le sujet de la Révolution française : François Furet.

24 « Pendant trente années les modes idéologiques parisiennes s'accompagnèrent à chaque fois d'une réinterprétation du marxisme », Raymond ARON, *Mémoires*, Julliard, Paris, 1983, p. 579.

25 Emmanuel LEROY-LADURIE, *Paris-Montpellier*, *op. cit.*, p. 44-45.

26 Tony JUDT, *Le Marxisme et la gauche française, 1830-1981*, Hachette, Paris, 1987, p. 194.

27 Annie COHEN-SOLAL, *Sartre*, Gallimard, Paris, 1985.

28 Tony JUDT, *Le Marxisme et la gauche française*, *op. cit.*, p. 177, 188.

29 Filippo BUONARROTI, *Conspiration pour l'égalité dite de Babeuf*, Bruxelles, 1828 (2 vol.). Voir aussi la biographie de Buonarroti par Samuel BERNSTEIN, *Buonarroti*, Hier et aujourd'hui, Paris, 1949.

30 Voir Elizabeth EISENSTEIN, *The First Professional Revolutionist : Filippo Michele Buonarroti*, Harvard University Press, Cambridge (Mass.), 1959.

31 Régis DEBRAY, *Que vive la République !*, Odile Jacob, Paris, 1989, p. 48. Cet ouvrage est une splendide philippique contre tous ceux que la célébration du bicentenaire embarrasse, écrite avec venin et brio.

32 Jacques GODECHOT, *Un jury pour la Révolution, op. cit.*, p. 324.

33 Pierre BOURDIEU, *La Noblesse d'État : grandes écoles et esprit de corps*, Éditions de Minuit, Paris, 1989, p. 296.

34 Crane BRINTON, *History and Theory, op. cit.*, p. 317.

35 Jacob L. TALMON, *Les Origines de la démocratie totalitaire*, Calmann-Lévy, Paris, 1966.

36 À cette époque, le groupe occidental d'intellectuels marxistes non staliniens le plus important, la communauté trotskiste de New York, se désintégrait déjà, certains de ses membres ou anciens membres ayant choisi de suivre des chemins les menant largement au-delà des limites de la gauche, sans tomber toutefois dans le militantisme conservateur.

37 Pour une bibliographie et une contribution à ces débats, voir Perry ANDERSON, « The figures of descent », *New Left Review*, 161, 1987. Voir aussi Tom NAIRN, *The Enchanted Glass : Britain an its Monarchy*, Londres, 1988, notamment p. 378 et suiv. ainsi que le compte rendu de ce livre par A. ARBLASTER dans la *New Left Review*, 174, 1989, p. 97-110.

38 Pour un panorama de ces débats par un spécialiste anglais de l'histoire de l'Allemagne, voir Richard EVANS, « The myth of Germany's missing revolution », *New Left Review*, 149, janvier-février 1986, p. 67-94.

39 Arno MAYER, *La Persistance de l'Ancien Régime. L'Europe de 1848 à la Grande Guerre*, Flammarion, Paris, 1983. *Cf.* David CANNADINE : « Beaucoup d'historiens ne croient plus que le XIXe siècle ait vu le triomphe des classes moyennes [...]. Il n'y a aucune raison de vouloir expliquer pourquoi la civilisation bourgeoise s'est finalement effondrée [...], elle n'a jamais conquis la première place » (compte rendu du livre d'Eric J. HOBSBAWM, *L'Ère des empires*), *New Society*, 23 octobre 1987, p. 27.

40 William RUBINSTEIN, « The Victorian middle classes : wealth occupation and geography », *Economic History Review*, 30, 1977, p. 602-623, et autres études du même auteur.

41 L'entreprise collective dirigée par J. Kocka est certainement le projet le plus ambitieux dans ce domaine. Voir J. KOCKA (sous la dir. de), *Bürgerlichkeit im 19, Jahrhundert, Deutschland im europäischen Vergleich*, Munich, 1988, 3 vol.

42 Article de Norman STONE dans *The Sunday Times*, 6 mars 1988, cité par Eric J. HOBSBAWM, *Politics for a Rational Left*, Londres, 1989, p. 224. Plus généralement, voir James RAVEN, « British history and the enterprise culture », *Past and Present*, 123, mai 1989, notamment p. 190-191.

43 Voir « The Nation State in the Middle East », *in* Sami ZUBAIDA, *Islam, the People and the State. Essays on Political Ideas and Movements in the Middle East*, Londres/New York, 1988, notamment p. 173.

44 C'est le cas dans la première phrase de la conclusion de Jacques SOLÉ, *La Révolution en question, op. cit.*, p. 337 : « Tocqueville et Taine ont vu à juste titre dans la centralisation napoléonienne, le principal résultat de la Révolution. » Réduire

l'effet d'un événement historique majeur de l'histoire mondiale à l'accélération d'une tendance de l'administration française est analogue à dire que la conséquence historique principale de l'Empire romain a été de fournir à l'Église catholique une langue pour la rédaction des encycliques papales.

45 Donald M. G. SUTHERLAND, *Révolution et Contre-Révolution en France : 1789-1815*, Le Seuil, Paris, 1991. Les différences entre cet historien révisionniste canadien et l'historien français Jacques Solé, qui souvent se contente de le paraphraser (comparer Sutherland p. 59 et Solé p. 83), sont instructives. L'un n'a pas de problème à voir que ce qui est important à propos de la « révolution populaire » c'est son effet politique, tandis que l'autre, qui ajoute un point d'interrogation à son chapitre correspondant, insiste par-dessus tout sur les similitudes entre le mouvement populaire de 1789 et les protestations des siècles passés. En cela, il passe à côté du sens de ces mobilisations : à l'été 1789 en France, ou en Russie en février 1917, ce qui compte ce n'est pas leur structure mais leur impact.

46 J. Holland ROSE, *A Century of Continental History. 1780-1880*, *op. cit.*, p. 1.

47 *Collected Letters of Thomas and Jane Welsh Carlyle* (édité par C. R. Sanders et K. J. Fielding), Durham, N. C., 1970-1981, vol. 4., p. 446.

48 J. Holland ROSE, *A Century of Continental History, 1780-1880*, *op. cit.*, p. 1.

Notes de la postface

1 Jay SMITH, « Social categories, the language of patriotism, and the origins of the French Revolution : the debate over noblesse commerçante », *Journal of Modern History*, 72, n° 2, 2000, p. 339-374.

2 Voir Martine LAPIED et Christine PEYRARD (sous la dir.), *La Révolution française au carrefour des recherches*, Publications de l'Université de Provence, Aix-en-Provence, 2002.

3 David ANDRESS, *The Terror*, Londres, Little Brown, 2005.

4 Ruth SCURR, *Fatal Purity : Robespierre and the French Revolution*, Chatto and Windus, Londres, 2006.

5 David ANDRESS, *The French Revolution and the People*, Hambledon & London, Londres, 2004 ; David BELL, *The Cult of the Nation in France : Inventing Nationalism 1680-1800*, Harvard University Press, Cambridge (Mass.), 2001, 320 p. ; Michael FITZSIMMONS, *The Night the Old Regime Ended : August 4, 1789 and the French Revolution*, Pennsylvania State University Press, University Park, 2003 ; Alan FORREST, *Paris, the Provinces and the French Revolution*, Arnold, Londres, 2002 ; David GARRIOCH, *The Making of Revolutionary Paris*, University of California Press, Berkeley, 2002 ; Colin JONES, *The Great Nation : France from Louis XV to Napoleon 1715-99*, Allen Lane-Penguin Press, Londres, 2002 ; Peter JONES, *Liberty and Locality in Revolutionary France : Six Villages Compared, 1760-1820*, Cambridge University Press, Cambridge, 2003 ; Jay SMITH, *Nobility Reimagined : the Patriotic Nation in Eighteenth-Century France*, Cornell University Press, Ithaca, 2005 ; Peter MCPHEE, *The French Revolution 1789-1799*, Oxford University Press, Oxford, 2002 ; Timothy TACKETT, *Le Roi s'enfuit : Varennes et*

l'origine de la Terreur, La Découverte, Paris, 2004 (*When the King Took Flight*, Harvard University Press, Cambridge (Mass.)/Londres, 2003).

6 Alvaro Santana ACUÑA, « Entre la cultura, el lenguaje, lo "social" y los actores : la nueva historiografía anglófona sobre la Revolución francesa », *Historia Social*, n° 54, 2006, p. 157-181.

7 Ce thème est examiné en profondeur par Colin JONES, « Olwen Hufton's "poor", Richard Cobb's "people" and the notions of the *longue durée* in French Revolutionary Historiography », in « The art of survival : gender and history in Europe, 1450-2000. Essays in honour of Olwen Hufton », *Past & Present Supplement*, 1, 2006, p. 178-203.

8 Norman DAVIES, *Europe : A History*, Oxford University Press, Oxford/New York, 1996, p. 675.

9 Alvaro Santana ACUÑA, « Entre la cultura, el lenguaje... », *loc. cit.*, p. 161.

10 Dans un compte rendu d'Alvaro Santana ACUÑA paru dans *French History*, 19 :2, 2005, p. 280-283.

11 *French History*, 19 : 2, 2005 ; les opinions citées sont celles de Timothy Tackett et Peter McPhee.

12 William SEWELL, « The sans-culotte rhetoric of subsistence », *in* Keith Baker (sous la dir. de), *The French Revolution and the Creation of Modern Political Culture*, vol. 4 : *The Terror*, Pergamon Press, Oxford, p. 249-269.

13 Timothy TACKETT, *Par la volonté du peuple*, Albin Michel, Paris, 1997.

14 Michel VOVELLE, « Response », *French History*, 19 : 2, 2005, p. 182.

15 Lynn HUNT, « L'histoire des femmes : accomplissements et ouvertures », *in* Martine LAPIED et Christine PEYRARD (sous la dir.), *La Révolution française au carrefour des recherches*, *op. cit.*, p. 291.

16 Colin JONES, « Bourgeois revolution revivified : 1789 and social change », *in* Colin LUCAS (sous la dir. de), *Rewriting the French Revolution*, Clarendon Press, Oxford, 1991, p. 78, 93, 109-110.

17 David GARRIOCH, *The Formation of the Parisian Bourgeoisie 1690-1830*, Harvard University Press, Cambridge (Mass.), Londres, 1996, p. 174.

18 David GARRIOCH, *The Making of Revolutionary Paris*, *op. cit.*

19 Lynn HUNT, *Inventing Human Rights : a History*, Norton, New York, 2007, 272 p.

20 2,9 millions de références en anglais ; 1,9 million en français ; 0,9 million en espagnol ; 0,7 million en allemand ; 0,5 million en italien (source : Google, 19 juillet 2007).

Table

BUSSIÈRE
GROUPE CPI

Composition Facompo, Lisieux
Impression réalisée par Bussière
à Saint-Amand-Montrond (Cher)
Dépôt légal du 1er tirage : octobre 2007.
Suite du 1er tirage (2) : février 2008.
N° d'impression : 080440/1.
Imprimé en France